Stephen Law
Philosophie
Abenteuer Denken

Stephen Law

Philosophie
Abenteuer Denken

Aus dem Englischen
von Anne Braun

Mit Bildern
von Daniel Postgate

Arena

Die Originalausgabe erschien unter dem Titel
»The Philosophy Files«
© 2000 bei Orion Children's Books Ltd., London

In neuer Rechtschreibung

1. Auflage 2002
Für die deutschsprachige Ausgabe:
© Arena Verlag GmbH, Würzburg 2002
Alle Rechte vorbehalten
Aus dem Englischen von Anne Braun
Einband: Joachim Knappe
Illustrationen: Daniel Postgate
Gesamtherstellung: Westermann Druck Zwickau GmbH
ISBN 3-401-05332-9

Inhalt

Große Fragen

Hier siehst du mich beim Bergsteigen.

Weißt du, warum ich so gern klettern gehe? Wenn ich ruhig dasitze und meinen Partner am Seil absichere, kann ich die Landschaft betrachten und über vieles nachdenken.

Worüber ich dabei nachdenke? Nun, wenn man wie beim Bergsteigen hoch über allem ist, dann bekommt man oft eine völlig andere Sicht der Dinge. Während ich sonst mit dem üblichen alltäglichen Kleinkram beschäftigt bin, kommen mir hier oben oft Fragen wie diese in den Sinn: Wie entstand das Universum? Gibt es ein Leben nach dem Tod? Existiert Gott? Was macht Dinge richtig oder falsch? Und auch: Könnte es sein, dass mein ganzes Leben nur ein Traum ist?

Dies sind *philosophische Fragen*. Sie gehören zu den bedeutendsten und spannendsten Fragen, die jemals gestellt wurden. Es sind Fragen, mit denen sich die Menschen bereits seit tausenden von Jahren beschäftigen.

Ich bin mir ganz sicher, dass du dir auch schon ähnliche Fragen gestellt hast. Falls ja, dann ist dieses Buch genau das richtige für dich.

Etliche religiöse Bücher behaupten natürlich die Antworten auf diese und weitere philosophische Fragen zu wissen. Doch ich möchte von vornherein klarstellen, dass dies *kein* religiöses Buch ist. Es ist ein philosophisches Buch, ein Buch, das dazu anregt, selbst Fragen zu stellen, Dinge zu hinterfragen und sich eine eigene Meinung zu bilden.

Das Buch besteht aus acht Kapiteln oder Abenteuern. Jedes Abenteuer befasst sich mit einer anderen philosophischen Frage. Du brauchst das Buch nicht von der ersten Seite an zu lesen. Du kannst einsteigen, wo immer du möchtest, je nachdem, welche Frage dich gerade am meisten interessiert.

Und vergiss nicht: In der Philosophie geht es darum, *selbst zu denken*. Du brauchst ganz bestimmt nicht in allen Punkten einer Meinung mit mir zu sein. Vielleicht kommst du sogar zu dem Schluss, dass ich hier und da einen Fehler gemacht und einen falschen Weg eingeschlagen habe.

Du wirst merken, dass einem manche philosophischen Fragen fast einen Schreck einjagen, wenn man sich näher mit ihnen beschäftigt. Deshalb gehen etliche Menschen solchen Fragen lieber aus dem Weg – sie bleiben lieber auf sicherem Terrain.

Doch wenn du ein ähnlicher Typ bist wie ich, dann magst du die Herausforderung, die Aufregung und das leichte Schwindelgefühl, das philosophisches Denken mit sich bringt.

Mach dich also bereit für eine Reise in die Grenzbereiche des menschlichen Denkens. Und lass dich ein auf . . .

das *Abenteuer Philosophie!*

1. Abenteuer | Was ist real?

Die Welt um mich herum
Das ist mein
Arbeitszimmer.

Wie du siehst, arbeite ich am Computer. Auf meinem Schreibtisch liegen ein paar tibetische Klangschalen, die ich während einer Reise durch Indien gekauft habe, und ein paar Äpfel in einer Schale. Neben dem Schreibtisch steht ein Regal voller Bücher. Auf der anderen Seite befindet sich ein offener Kamin, in dem ein paar verstaubte Trockenblumen stehen. Hinter mir ist ein Fenster. Man sieht ein paar Bäume, Wolken, die Sonne und die Dächer und Kirchtürme von Oxford.

Auf die Frage »Was ist real?« würden die meisten Leute vermutlich antworten, dass Realität all das ist, was man um sich herum sieht: Mein Schreibtisch, der Stuhl, die Bäume und Wolken – das ist die Realität, die wirkliche Welt.

Doch mit dieser Aussage wäre nicht jeder einverstanden. Besonders Platon nicht. Platons Meinung nach ist nämlich das, was ich um mich herum sehe, nur ein Schatten. Die wirkliche Welt sei unseren fünf Sinnen nicht zugänglich, hat er gesagt. Sie könne nicht gesehen, berührt, gehört, gerochen oder geschmeckt werden.

Doch wie ist diese verborgene Welt? Platon behauptet, sie sei einfach wunderschön.

In dieser Welt ist alles vollkommen. Es gab sie schon immer und es wird sie auch immer geben. Sie ist der Ort, von dem wir kommen. Und sie ist der Ort, an den wir nach unserem Tode gehen.

Platon sagt auch, wenn wir wahres Wissen erwerben wollen, müssen wir auf die Welt hinter den Schatten blicken. Unsere fünf Sinne können uns nicht mitteilen, wie die Dinge wirklich sind. Doch wie können wir von den Dingen jenseits der Schatten erfahren? Wie wir gleich sehen werden, behauptet Platon, dass nur unser Verstand uns Zugang zu wahrem Wissen verschaffen könne.

In diesem Kapitel geht es um Platons Welt hinter den Schatten. Gibt es sie wirklich?

Platon

Wer war Platon?

Platon lebte vor fast zweieinhalbtausend Jahren im Alten Griechenland. Er gilt noch heute für viele als der berühmteste aller Philosophen, als der Vater der Philosophie.

Um Platon kennen zu lernen, beginnen wir am besten mit einer Geschichte – einer Geschichte, die Platon selbst vor langer Zeit erzählt hat (ich habe sie nur ein wenig abgeändert).

Platons Höhlengleichnis

Stell dir eine tief in der Erde gelegene Höhle vor. In dieser Höhle leben Gefangene, in Ketten und mit dem Gesicht zur Wand. Sie können den Kopf nicht drehen, um zu sehen, was hinter ihnen ist. Diese Gefangenen können nichts anderes tun, als ihr ganzes Leben lang an diese Wand zu starren.

Eines Tages kommt einer dieser Gefangenen – nennen wir ihn Alf – frei. Er darf sich umdrehen und nach draußen blicken.
Zu Anfang ist Alf geblendet von einem grellen Licht. Seine Augen schmerzen, doch schon nach einer Weile gewöhnen sie sich an die gleißende Helligkeit.
Nach und nach beginnt Alf zu erkennen, dass vor dem Eingang der Höhle ein gewaltiges Feuer brennt. Es war dieses Feuer, das ihn anfangs geblendet hatte. Zwischen dem Feuer und der Höhle verläuft ein Weg, und zwar folgendermaßen:

11

Über diesen Pfad gehen die Gefängniswärter. Alf kann sehen, dass sie Gegenstände mit sich tragen, die Schatten werfen bis hinunter in die Höhle, auf die Wand vor den Gefangenen.

Alf hat noch nie zuvor einen realen Gegenstand gesehen. Als Gefangener konnte er nur die Schatten sehen, die von diesen Gegenständen an die Wand geworfen wurden. Und genau wie seine Mitgefangenen hatte er immer gedacht, diese Schatten seien die wirklichen Gegenstände. Er hatte das, was er an der Wand gesehen hatte, einfach für die Realität gehalten.

Doch nun erkennt Alf, wie sehr er und die anderen Gefangenen zum Narren gehalten worden waren. Er versteht mit einem Mal, dass das, was er für die reale Welt gehalten hatte, nur eine Abfolge von Schatten gewesen war. Er begreift, dass die reale Welt vor ihm versteckt worden war.

Wenig später wird Alf aus der Höhle hinaus ins Sonnenlicht geführt. Wieder ist er anfangs geblendet. Doch seine Augen gewöhnen sich rasch an die Helligkeit. Schließlich kann er die Sonne sehen.

Da Alf ein sehr netter Mensch ist, hat er Mitleid mit den Ge-

fangenen, die er in der Höhle zurückgelassen hat. Er beschließt noch einmal zu ihnen hinunterzugehen, um ihnen zu erzählen, was er gesehen hat, um ihnen zu erklären, wie die Welt wirklich ist. Bestimmt würden sie alles über seinen Ausflug in die richtige Welt wissen wollen.

Doch als Alf wieder in den Tiefen der Höhle ankommt, sind seine Augen nicht mehr an die Dunkelheit gewöhnt. Er stolpert. Er stößt gegen Dinge. Deshalb glauben die Gefangenen, sein Ausflug habe Alf blind gemacht.

Doch es kommt noch schlimmer. Als Alf ihnen berichten will, wie die Dinge wirklich sind, wollen sie gar nicht zuhören. Sie sind voll und ganz damit beschäftigt, die Schatten an der Wand vor ihnen zu betrachten. Sie sagen, er solle schweigen. Sie benehmen sich wie Leute, die sauer werden, wenn man sie während ihrer Lieblingssendung im Fernsehen stört.

Doch Alf gibt noch nicht auf. Er will ihnen helfen. Deshalb erzählt er weiter über die verborgene Welt hinter ihnen. Da werden die Gefangenen ernsthaft böse. »Verschwinde!«, brüllen sie ihn an. »Hör auf uns mit deinem dummen Geschwätz auf die Nerven zu gehen! Wir sehen *selbst*, wie die Dinge sind – du bist es, der hier blind ist!«

Und als Alf noch immer nicht aufgibt, fangen sie an ihn mit Steinen zu bewerfen. Sie vertreiben ihn. Und so vergeuden die Gefangenen auch weiterhin ihre Zeit damit, auf Schatten zu starren. Sie werden die Wahrheit nie herausfinden.

Die Welt hinter den Schatten

Du hast vielleicht schon erraten, dass Platons Geschichte über die Gefangenen in der Höhle nicht nur eine unterhaltsame Geschichte ist. Platon will uns mit dieser Geschichte etwas sagen. Aber was?

Nun, die Gefangenen in der Höhle sind wir! Und die Dinge, die wir sehen, sind die Schatten an der Höhlenwand. Genau wie die Gefangenen in der Höhle sind wir von diesen Schatten fasziniert. Wir verwechseln sie mit der Realität. Wir glauben, sie seien die reale Welt. Doch die reale Welt kann man nicht sehen.

Seelen

Platon hat auch behauptet, jeder von uns hätte eine Seele. Und diese Seele würde nach unserem Tod in die reale Welt eingehen. Wir bräuchten uns also nicht vor dem Tod zu fürchten. Wenn wir sterben, lebt unsere Seele weiter, und zwar an einem viel schöneren Ort.

Himmel

Viele Religionen sprechen von einem Himmel. In diesen Himmel gehen wir nach unserem Tod ein (zumindest, wenn wir gute Menschen waren).

Platons Idee von einer perfekten Welt – der wirklichen Welt hinter den Schatten – klingt ein bisschen wie eine moderne Version des Himmels, nicht wahr? Und das ist kein Zufall. Im Verlauf der Jahrhunderte haben einige religiöse Denker Platons Schriften gelesen und seine Ideen geborgt. Auch die moderne Vorstellung vom Himmel – besonders im Christentum – ist teilweise Platons Ideen nachempfunden.

C. S. Lewis und das Schattenreich

Platons Gedankengut hat unsere Vorstellung der Welt bis heute geprägt. Seine Philosophie leistete einen wichtigen Beitrag bei der Gestaltung unserer westlichen Philosophie, Religion, Kunst und Literatur.

Hier ein Beispiel: Vielleicht hast du schon von C. S. Lewis gehört, einem christlichen Humanisten. Er schrieb auch Kinderbücher, darunter ein siebenbändiges Werk mit dem Titel *Die Chroniken von Narnia*.

Der letzte Band dieser Chroniken trägt den Titel *Der letzte Kampf*. Auf den letzten Seiten geht es mit Narnia zu Ende. Das Land wird vom Meer verschluckt, die Sonne erlischt. Doch die guten Menschen aus Narnia dürfen durch eine Tür in ein ungewöhnliches neues Reich eingehen.

Die Kinder, um die es in diesem Buch geht, wissen nicht, wo sie gelandet sind. Teile des neuen Landes sehen aus wie das Narnia, an das sie sich erinnern, nur sehr viel schöner. Und ein weiterer Teil erinnert sie an England, nur wieder sehr viel schöner.

Eine der Romanpersonen erklärt den Kindern, dass das Narnia und das England, an das sie sich erinnern, nicht das wirkliche Narnia oder England waren. Es waren nur *Schatten* der wirklichen Welt, in der sie *nun* leben. Diese wirkliche Welt hat immer existiert und wird auch immer existieren, doch sie ist anders als das alte Narnia und das alte England, wie ein wirklicher Gegenstand eben anders ist als sein Schatten.

Ganz am Ende von *Der letzte Kampf* fragen sich die Kinder, wie es möglich war, dass sie in diese wundervolle Welt gelangen konnten. Würden sie sie wieder verlassen müssen? Doch dann erfahren sie, dass sie in Wirklichkeit tot sind, da sie bei einem Eisenbahnunglück ums Leben gekommen sind. Sie sind von dem, was C. S. Lewis *Schattenreich* nennt, in die wirkliche Welt übergegangen, wo sie für immer und ewig glücklich leben werden. Ihr früheres Leben war nur ein Traum gewesen. Doch nun ist der Traum zu Ende, der Morgen ist da.

Wie dir sicher schon klar geworden ist, hat C. S. Lewis seine Idee von der wirklichen Welt hinter den Schatten, von der Welt, in die wir nach unserem Tod gehen, von Platon ausgeliehen. Doch daraus macht er kein Geheimnis. Es wird im Roman selbst erwähnt.

Eine unsichtbare Welt

Platon glaubt also, dass unsere Welt – die Welt, in der du und ich zur Zeit leben – nicht die wirkliche Welt ist. Sie ist nur ein Schattenreich, wie Lewis sie nennt.

Die Welt, die wir sehen, mag uns zwar wie die wirkliche Welt vorkommen, doch sie ist es nicht, behauptet Platon. Die reale Welt ist unsichtbar. Sie liegt hinter dem, was wir sehen, berühren, hören, riechen und schmecken können. Doch wie kam Platon auf die Idee, dass wir in einem Schattenreich leben und dass die wirkliche Welt jenseits liegt?

Welche Philosophie, welches Argument lag dieser unge-
wöhnlichen Ansicht zu Grunde? Das wirst du gleich erfahren.

Die Idee des Schönen

Hier fünf schöne Dinge:

Du siehst: eine Blume, ein Mädchen, einen Berg, eine unter-
gehende Sonne und einen Garten. Diese fünf Dinge unterscheiden sich in vielerlei Hinsicht (das Mädchen hat zum
Beispiel Haare, der Berg nicht), trotzdem ist jedes auf seine
Art wunderschön.

Doch was ist das Schöne *an sich?* Jedes dieser Dinge kann
wunderschön sein, doch es ist nicht das Schöne an sich. Das
wahre Schöne ist etwas ganz anderes – etwas, das *zusätzlich*
zu all den einzelnen Dingen, die wir sehen, existiert.

Dieses zusätzliche Element – das Schöne an sich – nennt Platon die Idee des Schönen. Was diese einzelnen Dinge schön
mache, ist seiner Meinung nach die Tatsache, dass sie an
derselben Idee teilhaben.

17

Andere Ideen

Laut Platon teilen nicht nur die schönen Dinge eine gemeinsame Idee, eine Urform. Schöne Dinge sind nur die Abbilder einer Idee. Es gibt viele andere Ideen von Dingen. Nehmen wir zum Beispiel Stühle.

Stühle sind eine Gruppe von Gegenständen. Sie können zwar sehr unterschiedlich aussehen, haben jedoch alle etwas gemeinsam – etwas, das sie zu Stühlen macht. Nach Meinung Platons ist dieses »etwas« eine weitere Idee: *die Idee des Stuhls.*

Die Idee des Stuhls existiert zusätzlich zu all den einzelnen Stühlen, die es gibt.

Es gibt seiner Meinung nach viele andere Arten von Ideen. Große Dinge zum Beispiel (wie Elefanten, Berge und Riesen-Mammutbäume) sind eine Gruppe von Dingen. Ihnen entspricht die Idee von Größe. Handlungen im Namen der Gerechtigkeit (zum Beispiel, wenn ein Richter jemanden für ein schlimmes Verbrechen bestraft) sind eine weitere Gruppe von Dingen. Ihnen entspricht die Idee der Gerechtigkeit und so weiter.

Wenn wir Platons Überlegungen folgen, kommen wir zu dem Schluss, dass es für alle wahrnehmbaren Dinge eine Idee geben muss. Es muss die Idee der Blume, die Idee roter Dinge, die Idee des Kaninchens, die Idee des Hauses – ja, sogar die Idee des Cheeseburgers geben.

Doch was sind Platons Ideen genau?

Die Ideen sind vollkommen

Zuallererst: Die Ideen sind vollkommen. Nehmen wir als Beispiel das Schöne. Ein Gegenstand, den du siehst, kann niemals vollkommen schön sein. Er ist immer etwas weniger schön, als er sein könnte. Doch die Idee der Schönheit – das Schöne an sich – ist vollkommen. Denn es kann nichts Schöneres geben als die Schönheit an sich, nicht wahr? Doch nichts, was wir um uns herum sehen, ist vollkommen. Alles ist vergänglich, kann zerbrechen oder zerfallen. Nehmen wir als Beispiel Betten. Kein Bett, das du siehst, wird jemals vollkommen sein. Es könnte immer noch bequemer sein. Irgendwann ist es alt und zerbricht. Dennoch ist die Idee des Betts an sich vollkommen. Jede Idee bildet also das einzige vollkommene Exemplar der jeweiligen Art.

Die Ideen sind unsichtbar

Zweitens kann man die Ideen weder sehen, hören, berühren, riechen noch schmecken. Nichts in der Welt, die wir wahrnehmen, ist jemals vollkommen. So ist auch die Idee des perfekten Stuhls nicht für uns erfahrbar. Wir sehen nur einzelne, unvollkommene Stühle, während die Idee des Stuhls selbst unsichtbar ist.

Die Ideen sind wirklicher

Drittens sind die Ideen wirklicher als jedes Einzelding, das wir sehen. Denn diese Einzeldinge sind abhängig von der jeweiligen Idee.

Werfen wir einen Blick in meinen Garten: Im Verlauf eines Tages wirft der Baum dort viele Schatten. Er spiegelt sich auch in Pfützen und Fensterscheiben.

Diese flüchtigen Abbilder des Baums sind verzerrt und stellen nur unvollkommene Kopien des eigentlichen Baums dar. Sie existieren überhaupt nur, weil der Baum dort steht. Ohne den Baum gäbe es keine Schatten und auch keine Abbilder. Ähnlich kann es ohne die Idee des Baums keine einzelnen Bäume geben. Die Bäume, die wir sehen – auch der in meinem Garten – existieren nur, weil es die Idee des Baums gibt: Sie sind unvollkommene Schatten oder Abbilder der Idee.

Dasselbe gilt auch für alle anderen Gegenstände, die wir sehen. Sie sind nicht die wirklichen Gegenstände. Die wirklichen Gegenstände sind die Ideen. Alles, was wir sehen, sind nur flüchtige Schatten oder Abbilder davon.

Die Ideen existieren unabhängig von den wahrnehmbaren Dingen und sind unveränderlich

Platons Meinung nach sind die Ideen ewig. Es gab sie schon immer und es wird sie auch immer geben. Die einzelnen schönen Dinge entstehen und vergehen, doch das Schöne an sich bleibt bestehen.

Die Ideen verändern sich auch nie. Die uns umgebende Welt hingegen verändert sich ständig. Stühle und Tische verformen und verbiegen sich und zerfallen. Pflanzen und Tiere wachsen, altern und sterben. Das Wetter ändert sich von Tag zu Tag. Die Jahreszeiten kommen und gehen. Berge versinken irgendwann im Meer. Alles ändert sich ständig. Die Ideen jedoch – so Platon – verändern sich nie.

Das mag dich vielleicht verwundern. Nehmen wir wieder das Schöne. Gelten in unterschiedlichen Epochen nicht andere Dinge als schön? Das heutige gängige Schönheitsideal zum Beispiel ist dünn, während früher üppige Körper als schön galten.

Die Mode ändert sich. Was früher als schön galt, finden spätere Generationen vielleicht geschmacklos oder gar hässlich. Wenn es eine Idee des Schönen gibt, muss sie sich dann nicht im Laufe der Zeit verändern?

Platons Meinung nach nicht. Für ihn kann das Modeideal sich zwar ändern, nicht aber das Schöne an sich. *Wahre Schönheit ist stets gleich.* Nur unsere Fähigkeit, sie wahrzunehmen, variiert.

Die höchste Idee

Da haben wir es: Die Welt, die wir um uns herum sehen, ist nicht die wirkliche Welt. Denn die wirkliche Welt ist eine vor uns verborgene Welt der vollkommenen, unveränderlichen und von der Wahrnehmung unabhängigen Ideen.

Doch es gibt da noch eine weitere Idee, die wir einordnen müssen. Es gibt viele Ideen. Also sind auch die Ideen selbst eine Art Gruppe. Und folglich muss es eine Idee der Ideen geben.

Wie könnte so eine Idee der Ideen beschaffen sein? Nun, was haben alle Ideen gemeinsam? Sie alle existieren und sind vollkommen. Die Idee der Ideen ist also die Idee der *Existenz* und *Vollkommenheit.*

Die höchste Idee der Ideen nannte Platon die *Idee des Guten.*

Die Hierarchie der Ideen

Platons Meinung nach sind die Ideen so angeordnet:

An der Spitze der Pyramide steht die Idee des Guten. Unterhalb der Idee des Guten kommen all die anderen Ideen: die Idee des Schönen, die Idee des Stuhls, des Tisches . . . Und unterhalb dieser Ideen stehen die einzelnen Gegenstände, die wir sehen können: ein Bett zum Beispiel.

Genau wie die einzelnen Stühle, Tische, schönen Dinge und so fort ihren Anteil an Existenz und Vollkommenheit den entsprechenden Ideen verdanken, beziehen diese Ideen ihre Existenz und Vollkommenheit von der Idee des Guten. Folglich kommt letzten Endes jede Existenz und jede Vollkommenheit direkt von der Idee des Guten.

In Platons Höhlengleichnis wird die Idee des Guten durch die Sonne dargestellt, die vor der Höhle strahlt. So wie wir die Sonne für den Quell allen Lebens halten (ihr verdanken wir Tag und Nacht, die Jahreszeiten und das Wetter, das Wachstum der Pflanzen, von denen sich wiederum die Tiere ernähren, . . .), ist es die Idee des Guten, der in letzter Konsequenz alles auf dieser Welt seine Existenz verdankt.

Gott

Platons Vorstellung von der Idee des Guten – der Idee, von der alle Existenz und alle Vollkommenheit kommt – hört sich an wie eine ziemlich moderne Gottesvorstellung, findest du nicht? Viele moderne Religionen – besonders das Christentum, der Islam und das Judentum – glauben, dass Gott genau diese Rolle spielt. Gott ist es, dem jeder und alles seine Existenz verdankt, die Quelle aller Vollkommenheit.

Wieder ist diese Ähnlichkeit nicht ganz zufällig. Sie ist ein weiteres Beispiel dafür, wie Platons Vorstellungen das religiöse Denken bis zum heutigen Tag geprägt hat.

Wie gelangt man zu wahrem Wissen?

Wir erfahren die Welt, die uns umgibt, mit unseren fünf Sinnen: Sehen, Berühren, Schmecken, Riechen und Hören.

Doch wie wir gesehen haben, behauptet Platon, dass die Welt, die wir auf diese Weise erfahren, nicht die wirkliche Welt ist, sondern nur eine Schattenwelt.

Dies ist ein Grund, warum Platon sagt, dass uns unsere Sinne kein echtes Wissen über die Welt vermitteln können. Unsere Sinne sind trügerisch. *Wahres* Wissen bezeichnet er als Wissen um die wahre Realität, um die Welt, die jenseits jener Welt liegt, die unsere fünf Sinne uns enthüllen. Wahres Wissen ist das Wissen um die Ideen.

Doch wie können wir an Wissen um die Ideen kommen, wenn nicht über unsere fünf Sinne? Platon meint, wahres Wissen erlange man nur durch die *Philosophie*. Nur wer seinen Verstand einsetzt und intensiv nachdenkt, kann zu wahrem Wissen kommen. Wer wahres Wissen erlangen will, muss sogar die Sinne ignorieren. Er muss die Augen schließen, sich Watte in die Ohren stopfen, sich in seinen Lieblingssessel setzen und *nachdenken*.

Platon gibt natürlich zu, dass es für die Philosophen sehr schwierig ist, die Menschen von der Welt der Sinne wegzulocken und davon zu überzeugen, dass die

PHILOSOPH BEI DER ARBEIT

uns umgebende Welt nur eine Schattenwelt ist. Denn sie *wirkt* sehr real, meint er.

Die Welt der Sinne ist zweifellos sehr verlockend. Wir lieben unsere Sinne und die Vergnügungen, die sie uns verschaffen: den Geschmack von Eis, den Klang von Musik, das Sehen eines schönen Baums. Doch es gibt laut Platon höher stehende, seltenere Vergnügungen – eben solche, die einem nur die Philosophie bieten kann. Verglichen mit diesen höheren Vergnügungen sei das, was die Sinne uns bieten, karg und kümmerlich.

Dennoch – die meisten von uns sind nun mal Sklaven ihrer Sinne. Philosophen, die uns von der Welt der Sinne wegleiten und zur Welt der unsichtbaren Ideen hinleiten wollen, lehnen wir ab. Genau das versucht Platon uns mit dem Ende seines Höhlengleichnisses klarzumachen. Wir sind wie die missmutigen Gefangenen, die Alf mit Steinen bewarfen, als er sie von der Schattenwelt wegleiten und auf die wirkliche Welt hinweisen wollte.

Die Naturwissenschaften

Wahrscheinlich findest du Platons Ansicht über das Wissen etwas erstaunlich. Denn heutzutage halten wir die Naturwissenschaften – Physik, Chemie, Astronomie und so weiter – für den besten Weg zum Wissen. Doch die Naturwissenschaften beruhen eindeutig auf unseren fünf Sinnen: Sehen, Hören, Riechen, Schmecken, Tasten. Wissenschaftler beobachten. Sie schauen, hören, berühren und schnuppern. Manchmal testen sie auch mit der Zunge. Sie führen Experimente durch und untersuchen die Ergebnisse. Und auf all ihren unterschiedlichen *Beobachtungen* basieren ihre wissenschaftlichen Theorien.

Nun denkst du sicher: Ist die *wissenschaftliche* Methode

nicht eine der besten Methoden, um herauszufinden, wie die Welt wirklich ist? Hat Platon sich nicht geirrt, als er sagte, dass unsere Sinne uns kein wahres Wissen vermitteln können?

Vielleicht sagst du dir auch: »Wie kann jemand etwas Wichtiges herausfinden, indem er mit geschlossenen Augen in seinem Lieblingssessel sitzt und nachdenkt?« Ist das nicht die *allerletzte* Möglichkeit, um etwas über die Wirklichkeit zu erfahren? Irrt Platon nicht, wenn er sagt, dass ruhiges Nachdenken der einzige Weg zu wahrem Wissen ist? Ist es nicht ganz offensichtlich, dass wir ohne unsere fünf Sinne niemals zu wahrem Wissen kommen können? Der Verstand allein ist blind. Sind unsere Sinne nicht die einzig wahren Fenster zur Realität?

Es kann sein, dass Platon sich irrt, wenn er sagt, dass unsere Sinne uns kein wahres Wissen vermitteln können. Doch vielleicht steckt auch ein Fünkchen Wahrheit darin. Vielleicht stimmt es zumindest, dass einige der wichtigsten Fragen der Menschheit Fragen sind, auf die unsere Sinne uns keine Antwort geben können. Das will der folgende Test dir zeigen.

Die »Was-ist-X-Fragen«

Einige der für uns wichtigsten Fragen sind Fragen wie »Was-ist-X?«. Wir wollen zum Beispiel wissen: Was ist Gerechtigkeit? Diese Frage liegt der Menschheit sehr am Herzen, denn wir wollen eine gerechte Gesellschaft. Wir wollen Gesetze. Wir wollen Gerichte, die Strafen verhängen, die dem jeweiligen Verbrechen angemessen sind (jemanden, der einen Apfel aus dem Garten des Nachbars stiehlt, würden wir nicht gleich zum Tode verurteilen, nicht wahr?). Deshalb ist es für uns sehr wichtig, zu definieren, was Gerechtigkeit ist. Wenn wir nicht wissen, was Gerechtigkeit ist, können wir auch keine faire und gerechte Gesellschaft aufbauen.

Andere wichtige Was-ist-X-Fragen sind: Was ist *gut?*, Was ist *Mut?*, Was ist *Schönheit?*, . . .

Platon behauptete, wenn wir nicht wissen, was gut ist, was Mut oder Schönheit ist, es aber herausfinden wollen, so wird das niemals möglich sein, indem wir einfach nur die uns umgebende Welt betrachten.

Nehmen wir zum Beispiel Schönheit. In deiner Nähe könnte es viele schöne Dinge geben. Doch weshalb kannst du nicht herausfinden, welche Dinge dies sind, indem du sie betrachtest? Wenn du nicht bereits weißt, was Schönheit ist, wirst du nicht sagen können, *welche Dinge* schön sind. Du wirst nicht in der Lage sein, Schönheit zu erkennen.

Hier ein weiteres Beispiel (es stammt übrigens von mir, nicht von Platon). Wirf einen Blick auf diese Gegenstände:

Nehmen wir an, ich sage dir, dass einige dieser Gegenstände Blibbies sind, andere nicht. Du hast sicher keine Ahnung, was ein Blibbie ist, oder? Könntest du herausfinden, was ein Blibbie ist, indem du diese verschiedenen Gegenstände betrachtest? Nein, ganz sicher nicht. Denn du weißt nicht, was ein Blibbie überhaupt ist.

Klar, wenn ich dir verrate, dass Blibbie ein anderes Wort für Kegel ist, hast du die Blibbies schnell identifiziert und kannst sofort sagen, dass nur zwei Blibbies darunter sind. Die Gegenstände jedoch zu betrachten, ehe du weißt, was ein Blibbie ist, würde nichts nützen.

Wenn es um die Beantwortung der Frage geht:»Was ist ein Blibbie?«, würde ein noch so intensives Beobachten der uns umgebenden Welt nichts nützen. Genauso wenig scheint uns das Beobachten bei der Beantwortung der Fragen»Was ist Gerechtigkeit?«,»Was ist Schönheit?« u. a. zu helfen.

Hat dieses Argument dich überzeugt? Hat Platon Recht, wenn er sagt, dass die Sinne uns nicht helfen bei Fragen wie: »Was ist Gerechtigkeit?« oder»Was ist Schönheit?«? Was meinst du?

Die Seele und das Wissen um die Ideen

Wie schon erwähnt glaubte Platon, dass jeder von uns eine unsterbliche Seele hat. Die Seele ist in Platons Philosophie deshalb so wichtig, weil er mit ihrer Hilfe erklärt, wie wir zu *Wissen* kommen können. Wie wir gerade gesehen haben, erlangen wir Wissen nicht über die Sinne, sondern durch Nachdenken. Doch das führt zu der Frage»Wie können wir durch Nachdenken zu Wissen um die Ideen kommen?«.

Platons Antwort auf diese Frage lautet: Weil wir uns an die Ideen erinnern können. Beim Nachdenken erinnern wir uns an etwas, das wir längst wissen. Unsere Seele existierte schon vor unserer Geburt und kannte die Ideen schon damals. Folglich ist jede Erkenntnis über die Ideen im Grunde genommen nur eine Rückerinnerung.

Das bedeutet zum Beispiel, dass du das Schöne nur erken-

nen kannst, weil du bereits vor deiner Geburt die Idee des Schönen
kennen gelernt hattest. Auf diese Weise erkennst du auch einen
Baum wieder, denn deine Seele
hat die Idee des Baums schon vor
deiner Geburt gekannt.

Und wenn du dann
einen Baum siehst . . .

. . . erinnerst du dich an die Idee.

Deshalb weißt du, dass es ein Baum ist.

Nachdem du Platons Ideenlehre nun kennen gelernt hast,
beschäftigen wir uns mit zwei der bekanntesten Kritikpunkte.

Kritik Nr. 1: Die Idee des Nasenpopels

Platon zeichnet ein grandioses Bild. Seine vollkommene,
ewige Welt hinter den Schatten klingt zweifellos großartig.
Ja, sie klingt fast wie das Paradies. Auch Platon hat sie sich
offensichtlich sehr paradiesisch vorgestellt.

Eines von Platons Argumenten, das für die Ideen spricht,
lautet: Zu allen Dingen, die jeweils eine *Gruppe* bilden (z. B.
schöne Gegenstände, Stühle oder was auch immer), gibt es

darüber hinaus immer noch ein *darüber* stehendes Ding –
die Idee. Dieses Argument nennen wir die *Extra-Ding-Theorie*.

Jetzt allerdings ergibt sich ein Problem. Man-
che Dinge sind nämlich ziemlich abstoßend.
Man denke nur an Nasenpopel. Gemäß der
Extra-Ding-Theorie muss es jedoch auch eine
Idee des Nasenpopels geben. Es muss den
vollkommenen, von der Wahrnehmung unabhängigen und unveränderlichen Nasenpopel geben.

Kann das stimmen? Der vollkommene Nasenpopel hört
sich nicht sehr himmlisch an, oder? Sollen wir wirklich an-
nehmen, dass es in der wirklichen, himmlischen Welt jenseits der Schatten solch abstoßende Dinge gibt? Ich kann es
mir gar nicht vorstellen. Auch Platon schien diese Vorstellung nicht viel Freude zu machen.

Doch entweder muss Platon akzeptieren, dass es die Idee
des Nasenpopels gibt (was er offenbar nicht tat) oder er
muss zugeben, dass seine ganze schöne Extra-Ding-Theorie
nicht viel taugt. Beides zusammen geht nicht. Und wenn die
Extra-Ding-Theorie nicht stichhaltig ist, taugt sie auch nicht
als Beweis dafür, dass es Ideen überhaupt gibt.

Kritik Nr. 2: Zu viele Ideen

Wie schon erwähnt beruft sich Platon auf die Extra-Ding-Theorie. Betrachten wir diese Betten:

Betten stellen eine Gruppe von Dingen dar. Gemäß seiner Theorie muss es also ein *zusätzliches* Ding geben – das *vollkommene* Bett – das zusätzlich zu allen Betten auf unserem Planeten existiert.

All diese Einzelbetten haben eine Idee gemeinsam.

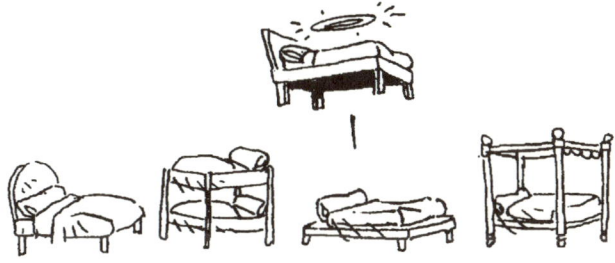

Doch nun bilden die Originalbetten plus die Idee auch eine Gruppe. Sie sind allesamt Betten und haben folglich alle etwas gemeinsam. Gemäß der Extra-Ding-Theorie müssen wir nun eine *zweite* Idee des Bettes hinzufügen, nämlich so:

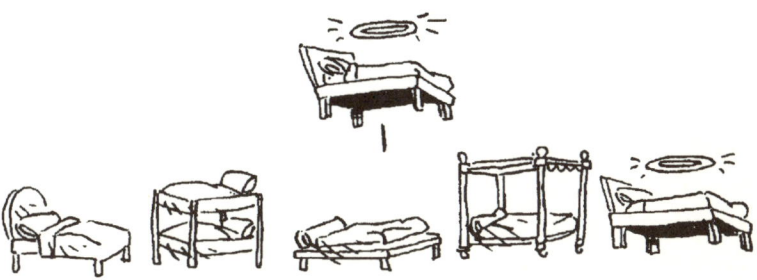

31

Doch selbstverständlich bilden die Originalbetten plus die zwei Ideen auch eine Gruppe. Sie alle sind Betten. Gemäß der Extra-Ding-Theorie muss es also eine *dritte* Idee des Bettes geben, nämlich so:

Es muss also eine vierte Idee des Bettes geben und eine fünfte, eine sechste und so fort. Die Extra-Ding-Theorie gilt wieder und wieder, endlos. Wenn die Extra-Ding-Theorie also stichhaltig ist, muss es eine unendliche Anzahl von Ideen des Betts geben. Doch das ist lächerlich.

Natürlich ergibt sich dasselbe Problem auch für alle anderen Ideen. Platon kann nicht bei nur einer Idee für jede Gruppe von Dingen aufhören. In jedem Fall scheint seine Theorie zu besagen, dass es eine unendliche Anzahl von Ideen für jedes Ding geben muss.

Wenn wir andererseits leugnen, dass es eine unendliche Anzahl von Ideen für jedes Ding gibt, was Platon zweifellos tun würde, müssen wir einsehen, dass die Extra-Ding-Theorie nichts taugt. Und in diesem Fall dient sie nicht als Beweis dafür, dass es auch nur eine einzige Idee von jeder Gruppe von Dingen gibt.

Leben wir in einem Schattenreich?

Wir haben nun zwei Kritikpunkte untersucht, die immer wieder gegen Platons Ideenlehre eingewendet werden, und beide hören sich ziemlich überzeugend an. Einige Philosophen behaupten jedoch, dass diese Kritikpunkte nicht stichhaltig sind. Zudem dürfen wir nicht vergessen, dass schon Platon sie kannte und sich nicht von ihnen überzeugen ließ. Er blieb bei seiner Theorie (wie im Übrigen viele andere Philosophen, religiösen Denker, Schriftsteller und Künstler im Laufe vieler Jahrhunderte).

Hat Platon dich überzeugt? Ist das, was wir sehen, die wirkliche Welt? Oder sind es nur Schatten? Was meinst du?

Ich selbst bin von Platons Theorien nicht voll und ganz überzeugt. Doch ich gebe zu, dass Platon an ein Gefühl rührt, das ich und viele andere Menschen haben, ein Gefühl, dass es mehr an Leben, mehr an Realität geben muss als *nur das*. Wir spüren, dass das *Wesentliche* – das Wichtige – uns verborgen bleibt.

Bisweilen haben wir das Gefühl, wir müssten nur den Vorhang zurückziehen und schon sähen wir etwas Wundersames. Dieses »Etwas« können wir weder sehen, berühren, hören, riechen noch schmecken, aber dennoch spüren wir, dass es da ist.

2. Abenteuer | Woher wissen wir, dass die Welt nicht virtuell ist?

Jims Spiel

Das ist Jim. Jim spielt ein Computer- spiel. Das Spiel heißt *Dungeons and Monsters.*

Um das Spiel zu gewinnen, muss man durch ein Labyrinth von Verliesen rennen, sämtliche Monster abmurksen und den gesamten Schatz in die Finger bekommen. Wie du siehst, ist Jim ganz verrückt auf dieses Spiel. Besonders großen Spaß macht es ihm, die Monster abzumurksen.

Aber sei gewarnt: Jim passiert etwas ganz Schreckliches. Allerdings erst später. Zuerst werden wir uns mit dem Thema *virtuelle Realität* beschäftigen.

Virtuelle Realität

Die Verliese, Gewehre, Monster und der Schatz in Jims Spiel sind natürlich nicht real. Sie bilden eine so genannte *virtuelle Realität:* eine vom Computer erzeugte Welt. Eine virtuelle Realität besteht aus einer *virtuellen Welt,* innerhalb derer sich *virtuelle Objekte* befinden. In Jims Spiel bilden die Verliese und Gänge die virtuelle Welt, das Gewehr, die Monster und der Schatz sind virtuelle Objekte.

Vermutlich bist du schon mit virtueller Realität in Berührung gekommen. Vielleicht hast du schon einmal am PC ein Auto über eine Rennpiste oder ein Flugzeug am Himmel entlanggelenkt. Die Wagen, die Rennpiste, Flugzeuge und anderen Dinge, die du bei solchen Spielen siehst, sind allesamt virtuell. Sie existieren nicht wirklich.

Der Virtual-Reality-Helm

Wenn du ein Computerspiel machst, verfolgst du die Handlung normalerweise auf einem Bildschirm. Doch inzwischen gibt es bereits neue Möglichkeiten, virtuelle Realität zu erleben.

Computerwissenschaftler haben den Virtual-Reality-Helm entwickelt.

Und so funktioniert das Ganze: Wenn du einen solchen Helm aufsetzt, siehst du einen kleinen Bildschirm. Darauf ist die virtuelle Welt zu sehen. Doch das Tolle an diesem Bildschirm ist: Wenn du den Kopf drehst, siehst du dieselben Veränderungen, als würdest du dich tatsächlich in dieser Umgebung aufhalten. Wenn du den Kopf zum Beispiel nach links drehst, siehst du, was sich in der virtuellen Welt links von dir befindet. Blickst du nach unten, siehst du den Boden. Drehst du dich um, siehst du, was sich hinter dir befindet, und so weiter.

Der Helm enthält auch kleine Lautsprecher – für jedes Ohr einen – sodass du in dieser virtuellen Welt alles genau hören kannst. Je nachdem, in welche Richtung du schaust, verändern diese Lautsprecher alle Geräusche. Wer also einen

Virtual-Reality-Helm auf dem Kopf hat, hat das Gefühl, mitten im Geschehen zu sein.

Virtuelle Hände und Beine

Es ist auch möglich, den Arm auszustrecken und virtuelle Objekte anzufassen. Elektronische Handschuhe dirigieren virtuelle Hände. Wenn du den besagten Helm aufhast und diese Handschuhe trägst, kannst du die virtuellen Hände bewegen, die du vor dir siehst. Mit den virtuellen Händen kannst du ein virtuelles Fahrzeug lenken oder mit einem virtuellen Lasergewehr auf virtuelle Aliens schießen.

VIRTUELLE REALITÄT   TATSÄCHLICHE REALITÄT

Ja, du kannst sogar in der virtuellen Welt herumspazieren. Der Computer, der diese virtuelle Realität erzeugt, kann mit Spezialsensoren ausgestattet werden, die du an deinen Beinen und Füßen befestigst. Wenn du einen Schritt machst, wird das vom Computer registriert und er verändert, was du siehst und hörst: Du hast das Gefühl, als würdest du durch die virtuelle Welt gehen.

Angenommen, wir statten Jim mit so einer Virtuellen-Realität-Ausrüstung (Helm, Handschuhe und Beinsensoren) aus und schließen ihn an einen Hochleistungscomputer an, auf dem eine Version seines Lieblingsspiels *Dungeons and Monsters* läuft. Wenn Jim sein Spiel dann wieder spielt, wird es ihm wesentlich realer vorkommen. Er wird das Gefühl haben, sich tatsächlich in dem virtuellen Verlies zu befinden. Wenn er die Hand ausstreckt, wird er glauben, die Wände des Verlieses zu berühren.

Künstliche Augen

Beschäftigen wir uns nun mit einer anderen Technologie: künstliche Augen. Im Gegensatz zur virtuellen Realität hat dieser technologische Durchbruch jedoch noch nicht stattgefunden. Doch es spricht nichts dagegen, dass man künstliche Augen irgendwann erfinden *könnte*.

Halte dir nun eine Hand vors Gesicht und betrachte sie genau.

Was passiert, wenn du deine Hand anschaust?

Lichtstrahlen werden von deiner Hand reflektiert und fallen in deine Augen. Eine Linse vorne am Auge wirft diese Strahlen auf eine Oberfläche an der Rückseite des Auges, wo sie ein Bild erzeugen. Diese Oberfläche hinten im Augapfel besteht aus vielen Millionen lichtempfindlicher Zellen. Und wenn ein Lichtstrahl auf eine dieser Zellen fällt, produziert dies einen winzigen elektrischen Impuls. Durch das Bild deiner Hand, das auf die Zellen fällt, entsteht ein bestimmtes Muster elektrischer Impulse, die durch ein Bündel von Nerven (Sehnerven genannt) vom Auge ins Gehirn geleitet werden. Nur deshalb kannst du die Hand vor dir überhaupt sehen.

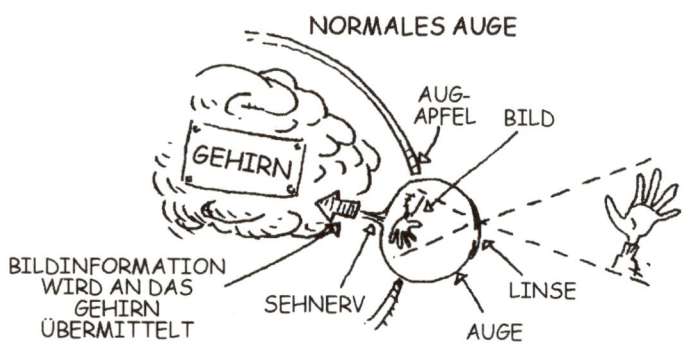

Doch muss es unbedingt ein normales menschliches Auge sein, das die elektrischen Impulse über die Sehnerven ins Gehirn leitet? Warum auch? Könnten deine Augen nicht durch kleine Fernsehkameras ersetzt werden?

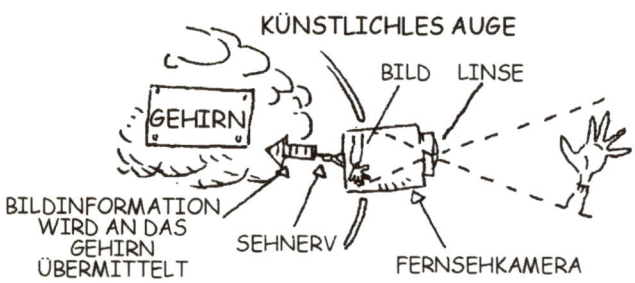

Diese Kameras könnten die Aufgabe deiner »normalen« Augen übernehmen, nämlich dasselbe Muster elektrischer Impulse weiterleiten wie deine Augen. Alles würde für dich genauso aussehen wie sonst. Eine Welt, die du mit künstlichen Augen siehst, käme dir genauso vor wie eine Welt, die du mit deinen normalen Augen siehst.

Das Auge am Ende eines Stocks

Kleine TV-Kameraaugen wären in mancher Hinsicht sehr nützlich. Angenommen, du hättest künstliche Augen und diese wären mit extra langen Kabeln mit deinen Sehnerven verbunden. Ein solches Auge könntest du herausnehmen und in der Hand halten. Du könntest es auch am Hinterkopf befestigen – sehr nützlich, wenn du wissen willst, ob du verfolgt wirst!

Oder du könntest ein solches Auge am Ende eines Stocks befestigen – geradezu unglaublich nützlich, wenn du eine Münze wieder finden willst, die unter das Sofa gerollt ist.

Ein Roboterkörper

Eines schönen Tages könnten Wissenschaftler nicht nur künstliche Augen, sondern auch künstliche Ohren erfinden: kleine elektronische Mikrofone, die die Aufgabe normaler menschlicher Ohren übernehmen können. Diese Mikrofone würden die Nerven stimulieren, die deine Ohren mit dem Gehirn verbinden, genau wie »normale« Ohren es tun.

Wer solche künstlichen Ohren hätte, würde das Läuten von Kirchturmglocken genauso hören wie jeder andere.

Wenn man es sich richtig überlegt, spricht eigentlich nichts dagegen, deinen *ganzen Körper* durch einen künstlichen zu ersetzen. Dann hättest du einen Roboterkörper. Und der würde so aussehen:

Dein Gehirn ist durch ein ausgeklügeltes

Nervensystem mit dem Rest des Körpers verbunden. Einige dieser Nervenbahnen *senden* elektrische Impulse *aus*, andere *empfangen* welche.

GEHIRN

Viele der Nerven, die elektrische Impulse *aussenden*, sind mit Muskeln verbunden, die es dir ermöglichen, deinen Körper zu bewegen. Wenn du zum Beispiel gleich umblättern wirst, sendet dein Gehirn zuvor ein bestimmtes Muster elektrischer Impulse an bestimmte Muskeln in deinem Arm.

Infolge dieser Impulse bewegen sich die Muskeln und folglich deine Hand. Die Nervenbahnen, die elektrische Impulse *empfangen*, tun dies über die fünf Sinnesorgane: Augen, Ohren, Nase, Zunge und Haut. Nur deshalb bist du in der Lage, die Welt um dich herum wahrzunehmen.

GEHIRN

Doch nehmen wir einmal an, Folgendes würde passieren: Dein Gehirn wird aus deinem »alten« menschlichen Körper entfernt und in einen brandneuen Roboterkörper eingebaut.

PLATSCH

Dann wäre dein alter menschlicher Körper kaputt. Doch das wäre nicht weiter tragisch, weil der Roboterkörper dein Gehirn ja am Leben hält. Er stimuliert die Nervenbahnen, die zu deinem Gehirn führen, auf genau dieselbe Weise, wie dein »alter« Körper es früher getan hat. Dein neuer Roboterkörper verschafft dir also genau dieselben Erfahrungen wie früher dein menschlicher Körper. Mit deinem neuen Roboterkörper kannst du Schokoeis essen, Musik hören, Blumen riechen. Alles kommt dir genauso wie früher vor.

Und dank der elektrischen Impulse, die weiterhin von deinem Gehirn ausgehen, kann sich dein neuer Roboterkörper auf dieselbe Weise bewegen wie früher dein normaler Körper (nur dass er keine Muskeln, sondern kleine Elektromotoren hat). Du kannst auch reden und gehen, genau wie früher.

Den Tod des menschlichen Körpers überleben

Roboterkörper können wir natürlich nicht bauen – noch nicht! Unsere Technologie ist noch nicht so weit. Doch es ist nicht auszuschließen, dass solche Roboterkörper eines Tages gebaut werden, vielleicht in einigen hundert Jahren. Und sobald es sie gibt, sind wir in der Lage, den Tod unseres Körpers aus Fleisch und Blut zu überleben. Angenommen, dein »normaler« Körper würde von einem Lastwagen überfahren. Dann könnte man dein Gehirn herausnehmen und in einen Roboterkörper einbauen.

In diesem Fall würdest du weiterleben, auch wenn dein alter Körper aus Fleisch und Blut zerstört wäre. Du wärst dann teils Mensch, teils Maschine.

Roboterkörper könnte man vermutlich auch so bauen, dass sie kräftiger, dauerhafter und unserem normalen Körper aus Fleisch und Blut in vieler Hinsicht überlegen wären.

Dann wärst du vielleicht superstark, hättest ein unglaublich feines Gehör, vielleicht sogar Röntgenaugen.

Wer weiß, eines Tages, in tausend Jahren vielleicht, werden wir alle Roboter-Supermenschen sein.

Das Einzige, was an uns dann noch menschlich ist, wäre vermutlich unser Gehirn.

Mit einem virtuellen Körper leben

Es scheint nicht nur möglich, einen Roboterkörper, sondern auch einen virtuellen Körper zu haben.

Nehmen wir einmal an, dir wird eine kleine Steckdose im Nacken installiert, genau an der Stelle, wo die Nervenbahnen in das Gehirn eintreten und herausführen. Dann kannst du dich an einen unglaublich leistungsfähigen Supercomputer anschließen. Du brauchst nur ein mit diesem Computer verbundenes Kabel in deine Steckdose zu stecken und den Schalter im Nacken umzulegen.

Sofort werden alle vom Gehirn kommenden elektrischen Impulse, die normalerweise deinen Körper zu einer Bewegung veranlassen, abgelenkt. Sie werden in den Supercomputer geleitet. Und statt elektrische Impulse von den Augen, Ohren, Nase, Zunge und Haut zu empfangen, erhält dein Gehirn sie nun vom Supercomputer.

Nehmen wir nun als Nächstes an, in diesem Computer liefe ein Programm mit virtueller Realität. Dann würde Folgendes passieren: Du legst dich auf ein Bett neben dem Computer, steckst den Stecker in deine Steckdose und betätigst den Schalter in deinem Nacken. Im selben Moment wird dein Körper total schlaff, denn du hast ihn soeben vom Gehirn abgetrennt.

Doch es kommt dir absolut nicht so vor. Du hast das Gefühl, dass du deinen Körper weiterhin bewegen kannst. Wenn du zum Beispiel beschließt dir deine Finger anzuschauen, registriert der Computer die elektrischen Impulse zum Be-

wegen deiner Hand, die vom Gehirn ausgehen. Und prompt schickt er dem Gehirn genau dieselben Impulse, die dieses von Augen und Hand erhalten würde, wenn du dir
die Hand tatsächlich vor das Gesicht halten
würdest. Und folglich siehst du die Hand tat-
sächlich. Für dich sieht es so aus und fühlt es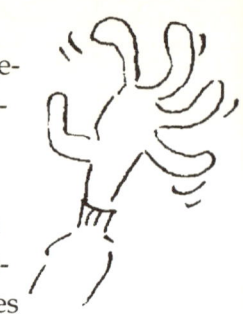
sich so an, als würdest du diese Bewegung ausführen. Doch
die Finger, die du siehst, sind natürlich *virtuelle,* nicht deine
richtigen. Deine richtigen Hände liegen reglos auf dem Bett.
Wenn es ein sehr leistungsfähiger Computer wäre, könnte
er sogar eine ganze *virtuelle Welt* für dich erzeugen. Er könnte dir zum Beispiel das Gefühl vermitteln, auf einer schönen, grünen Wiese zu liegen, umgeben von wunderbar
zwitschernden Vögeln und herrlichen Blumen. Du könntest
aufstehen und durch den nahen Wald streifen. Die Bäume,
die du siehst, die Vögel, die du hörst, und die Blumen, die
du riechst, wären natürlich nicht real, sondern virtuell. Und
der Körper, den du bei diesem Streifzug hast, wäre natürlich ebenfalls nur virtuell und nicht real. Dein richtiger Körper läge immer noch reglos auf dem Bett.
Es wäre sicher ganz amüsant, für einen Abend in einen virtuellen Körper zu schlüpfen. Wenn du einen harten Schul-
oder Arbeitstag hinter dir hast, könntest du dich wunderbar
entspannen, indem du in einem virtuellen Körper eine virtuelle Welt erforschst. Du könntest dir eine beliebige fremd-
artige neue Welt ausdenken, um darin ein paar Stunden zu
verbringen.
Natürlich könntest du dir auch aussuchen, wie dein virtueller Körper aussehen soll. Du könntest zum Beispiel wie El-
vis Presley aussehen und auf einen Planeten reisen, der
ganz aus Marshmallows besteht.

Nachdem wir nun gesehen haben, wie man zu einem virtuellen Körper in einer virtuellen Welt kommen könnte, machen wir eine kleine Pause und ich erzähle dir, was dem armen Jim passiert ist.

Kurze Unterbrechung: ein Horrortrip

Eines Tages landen zwei Marsbewohner, Blib und Blob, auf dem Planeten Erde. Blib und Blob wollen die Menschen studieren und beschließen Jim zu ihrem ersten Studienobjekt zu machen. Sie beginnen ihn heimlich zu beobachten.

Blib und Blob sind fasziniert, als sie sehen, wie verrückt Jim auf sein Computerspiel namens *Dungeons and Monsters* ist. Jede freie Minute verbringt er am Computer. Jims Vater hat Abendbrot zubereitet. »Komm essen, Jim!«, ruft er die Treppe hinauf. Die Marsianer beobachten, dass Jim sechsmal gerufen werden muss. Sie beobachten auch, dass Jim, nachdem er sein Essen hinuntergeschlungen hat, gleich wieder nach oben stürmt, um weiterzuspielen.

Blib und Blob beobachten auch, dass Jim es kaum erwarten kann, an die neueste Version von *Dungeons and Monsters* zu kommen. Die letzten beiden Monate vor Weihnachten sagt Jim immer und immer wieder:»Mama, Papa, bitte, schenkt ihr mir das neue *Dungeons and Monsters* zu Weihnachten?«

Nachdem Blib und Blob Jim eine Zeit lang beobachtet haben, sind sie sich sicher, dass er sich gewiss nichts sehnlicher wünscht, als Tag und Nacht die realistischste Version von *Dungeons and Monsters* zu spielen, die man sich nur denken kann. Und sie beschließen Jim eine Freude zu machen.

Dann endlich ist Weihnachten gekommen. Jim wird langsam wach. Als Erstes fällt ihm sein Bett auf. Es ist hart und kalt wie aus Stein. Und es riecht auch etwas merkwürdig, feucht und modrig wie nach Pilzen. Und er hört ein Tröpfeln.

Langsam öffnet Jim die Augen. Er wundert sich, dass er sich in einem langen Gang mit Steinwänden befindet. Fackeln stecken in rostigen Metallhaltern, links und rechts gehen weitere Gänge ab. Jim dreht den Kopf. Auch hinter ihm erstreckt sich der Gang endlos weit und verliert sich im Dunkeln.

Irgendwie kommt Jim dieser Gang bekannt vor. Dann fällt es ihm ein: Er sieht genauso aus wie der Gang in *Dungeons and Monsters*. Mit dem Unterschied, dass dieser Gang hier sehr real zu sein scheint. Wenn er die Hand ausstreckt, kann er die kalten, glitschigen Wände berühren.

Plötzlich erstarrt Jim, denn er hört ein Heulen. Dieses Heulen hat er schon tausendmal gehört. Doch diesmal kommt es nicht aus den kleinen Lautsprecherboxen seines PCs. Diesmal kommt es aus den Schatten am Ende des Gangs. Diesmal ist das Heulen real, ebenso real wie die schlurfenden Schritte. Jim ahnt, was auf ihn zukommt. Das Herz klopft ihm bis zum Hals, als er sich schwankend erhebt und losrennt.

Zur gleichen Zeit wundern sich Jims Eltern sehr. Sie haben Jim einen neuen PC gekauft, der mit der neuesten Version von *Dungeons and Monsters* ausgestattet ist. Warum ist ihr Sohn nicht längst heruntergekommen, um seine Weihnachtsgeschenke auszupacken? Verwundert gehen die Eltern nach oben, öffnen leise Jims Zimmertür und werfen einen Blick auf sein Bett.

»Jim? Bist du wach?« Keine Reaktion. Die Vorhänge sind noch zugezogen. Doch Jims Bett ist leer.

Ein gespenstisches Licht liegt über dem Zimmer. Jims Eltern entdecken, dass dieses Licht von einem Computerbildschirm kommt, der auf dem Fußboden steht. Doch es ist nicht Jims alter Computer, den sie da sehen. Nachdem ihre Augen sich an das Halbdunkel gewöhnt haben, können sie erkennen, dass der flackernde Bildschirm an ein großes graues Gehäuse angeschlossen ist.

Dieses graue Gehäuse ist ein Supercomputer vom Mars. Blib und Blob waren sehr fleißig gewesen. Sie haben in diesen Computer die realistischste Version von *Dungeons and Monsters* eingebaut, die man sich nur denken kann. Sie haben diesen Computer speziell für Jim gebaut.

»Neiiiin!«, rufen Jims Eltern plötzlich voller Entsetzen aus. Als das Bild auf dem Monitor einen Moment lang heller wird, können sie erkennen, dass in dem Halbdunkel hinter dem Computer in einem Glasbehälter ein menschliches Gehirn schwimmt.

Es ist Jims Gehirn – und es lebt noch. Es ist bei vollem Bewusstsein. Was ist passiert? In der Nacht waren Blib und Blob hier und haben Jim sein Gehirn entnommen. Den Rest seines Körpers haben sie zerstört, das Gehirn aber in den Glasbehälter mit der Nährlösung gelegt. Dann haben sie Jims Gehirn an ihren brandneuen Computer angeschlossen. Jim hat nun einen virtuellen Körper in einer virtuellen Welt, der Welt von *Dungeons and Monsters*. Nun spielt er die realistischste Version von *Dungeons and Monsters*, die man sich nur denken kann. Allerdings kann er nicht mehr aussteigen. Und er kann nicht mehr sagen, diese Welt sei nicht real.

Die Augen von Jims Eltern fallen wieder auf den Bildschirm. Da ist er ja, ihr Jim! Sie sehen, wie er von einem riesigen Monster durch einen engen Gang gejagt wird. »Mein armer Jim!«, rief seine Mutter aus. Doch dieser Ruf nützt natürlich nichts. Jim kann nichts anderes hören als das heulende Monster, das ihm dicht auf den Fersen ist. Die Stimme seiner Mutter wird er nie mehr hören.

Mit vor Schreck weit aufgerissenen Augen müssen Jims Eltern mit ansehen, wie Jim dem Monster zu entkommen versucht. Schließlich verschwindet er mit

einem verzweifelten Hechtsprung irgendwo im Dunkeln. Dort kauert er sich reglos zusammen, wagt kaum zu atmen. Das Monster bleibt stehen und schnüffelt. Dann verschwindet es. Zumindest vorläufig . . .

Jims Eltern können es nicht länger ertragen. Sie wenden sich vom Bildschirm ab. Erst da bemerken sie das Kärtchen, das mit rotem Geschenkband am Computer befestigt ist. Zitternd treten sie einen Schritt näher. In dem flackernden Licht des Bildschirms entziffern sie die sonderbaren, spinnenartigen Buchstaben.

Die Nachricht lautet:

FROHE WEIHNACHTEN, JIM!
von BLIB & BLOB

Bist DU ein Gehirn in einem Behälter?

Eine ziemlich haarsträubende Geschichte, findest du nicht auch? Jim endet als Gefangener in einer grässlichen virtuellen Realität, die so lebensecht ist, dass er nicht begreift, dass sie gar nicht real ist. Und die Marsianer hatten geglaubt ihm eine Freude zu machen!

Geschichten über Gehirne in Behältern sind sehr interessant für Philosophen. Sie sind besonders interessant für jene Philosophen, die sich mit der Frage beschäftigen: *Was – wenn überhaupt – können wir über die uns umgebende Welt wissen?* Mit dieser Frage werden wir uns als Nächstes beschäftigen.

Hier nun eine leicht abgewandelte Geschichte über ein Gehirn in einem Behälter – eine Geschichte über *dich*. Nehmen wir an, letzte Nacht, als du tief und fest geschlafen hast, wären Blib und Blob bei dir gewesen. Sie hätten dich betäubt und wären in ihrer fliegenden Untertasse mit dir zum Mars geflogen. Dort hätten sie dein Gehirn aus deinem Körper geholt, in eine Schale mit Nährlösung gelegt und an einen ihrer Supercomputer angeschlossen. Deinen Körper hätten sie natürlich zerstört.

Dieser Supercomputer kontrolliert nun all dein Erleben. Schnippe mit den Fingern. Sofort empfängt der Computer die von deinem Gehirn ausgehenden Impulse – die Impulse, die normalerweise in deine Finger gewandert wären, wenn du noch welche hättest. Daraufhin stimuliert der Computer die Nervenenden, die früher mit deinen Augen, Fingerspitzen, Ohren und so weiter verbunden waren, sodass du das Gefühl hast, sehen, fühlen und hören zu können, wie deine Finger sich bewegen. Du hörst auch das Schnippen. Dabei hast du gar keine realen Finger mehr. Du hast nur noch virtuelle, vom Computer erzeugte Finger.

Ein Computer, der solche Erfahrungen erlaubt, müsste natürlich unglaublich weit entwickelt sein. Er kopiert deine normale Welt bis ins kleinste Detail. Deshalb bist du felsenfest davon überzeugt, alles, was du erlebst, wäre real. Dein virtuelles Zimmer sieht genauso aus wie dein richtiges Zimmer. Deine virtuellen Eltern benehmen sich genau wie deine leiblichen Eltern.

VIRTUELLE ELTERN   LEIBLICHE ELTERN

Die virtuellen Straßen sehen genauso aus wie die Straßen, die du gewohnt bist.

Hier nun die große philosophische Frage, die diese Geschichte aufwirft: *Woher willst du eigentlich wissen, dass du kein Gehirn in einem Behälter bist?* Woher willst du wissen, ob die Welt, die du um dich herum siehst, nicht virtuell ist? Vielleicht hattest du letzte Nacht tatsächlich Besuch vom Mars. Vielleicht *haben* sie dir das Gehirn herausgenommen und an einen Supercomputer angeschlossen. Falls ja, würdest du es bemerken? Nein! Wie auch? Für dich wäre alles genauso wie früher.

Warst du schon IMMER ein Gehirn in einem Behälter?

Hier noch ein weiterer erschreckender Gedanke. Wer weiß, vielleicht warst du schon immer ein Gehirn in einem Behälter, schon von Geburt an. Vielleicht gibt es den Planeten Erde gar nicht! Vielleicht ist all das, was dir so vertraut vorkommt – euer Haus, deine Nachbarschaft, deine Freunde und deine Familie – nicht »realer« als die Orte und Charaktere in Jims *Dungeons-and-Monsters*-Spiel. Vielleicht haben sich das alles nur irgendwelche Computerprogrammierer vom Mars ausgedacht. Vielleicht studieren diese Marsianer dein Gehirn, um herauszufinden, wie es auf die Welt reagiert, die sie erfunden haben.

Mit anderen Worten: Vielleicht ist die einzige Realität, die du kennst, eine virtuelle Realität. Würdest du es bemerken? Nein, wohl kaum . . .

Woher weißt du, dass du KEIN Gehirn in einem Behälter bist?

Du glaubst natürlich nicht wirklich, dass du ein »eingelegtes« Gehirn bist. Genau wie ich auch, glaubst du eher, dass du kein Gehirn in einem Behälter bist. Doch die Frage ist: Kann man sich in diesem Punkt absolut sicher sein? Woher willst du das wissen? *Weißt* du, ob die Welt, die du um dich herum siehst, wirklich real ist?

Die Antwort lautet wohl oder übel: Nein, das weißt du nicht. Du magst es vielleicht glauben. Und vielleicht ist die Welt, die wir sehen, ja wirklich real. Doch selbst wenn das der Fall ist, wüssten wir trotzdem nicht, ob es auch stimmt. Wir haben keinen einzigen Beweis dafür. Es gibt absolut keinerlei Beweis dafür, dass du in einer realen und nicht in einer virtuellen Welt lebst, denn *alles käme dir genau gleich vor, selbst wenn die Welt virtuell wäre.* So verrückt es sich auch anhört: Du weißt nicht, ob du nicht vielleicht *doch* ein Gehirn in einem Behälter bist!

Es sieht ganz so aus, als wüsstest du rein gar nichts über die Welt dort draußen. Die Hände, die du vor dir siehst, dieses Buch, das du in der Hand zu halten glaubst, der Baum, der vor deinem Fenster wächst, sogar der ganze Planet Erde – das alles könnte virtuell sein!

Was ist Skeptizismus?

Die Schlussfolgerung, die wir gerade gezogen haben und die besagt, dass du nichts über die dich umgebende Welt wissen kannst, ist eine skeptische Schlussfolgerung. Die Skeptiker behaupten, dass wir nicht wirklich wissen können, was wir zu wissen glauben. Dass wir nichts über die uns umgebende Welt wissen können, ist eine typische Aussage des philosophischen Skeptizismus über die äußere Welt.

Skeptizismus gegen gesunden Menschenverstand

Unser gesunder Menschenverstand sagt uns natürlich, dass wir sehr wohl Bescheid wissen über die Welt, in der wir leben. Wenn du zum Beispiel sagen würdest: »Ich weiß nicht, ob es überhaupt Bäume gibt«, wenn du am helllichten Tag vor einem Baum stehst, würden die anderen dich für verrückt halten.

Doch nach Meinung der Skeptiker hättest du natürlich Recht. Du kannst nicht mit Sicherheit wissen, ob es Bäume gibt. Unser gesunder Menschenverstand könnte sich täuschen.

Der gesunde Menschenverstand kann sich irren!

Die Ansichten der Skeptiker können manche Leute ganz schön auf die Palme bringen. Dass Bäume existieren, gehört zu unseren Grundüberzeugungen – unser gesunder Menschenverstand hält es für selbstverständlich. Es gibt andere Überzeugungen, die wir bereitwillig aufgeben würden, wenn jemand uns beweisen würde, dass wir Unrecht haben. Doch wenn es um unsere Grundüberzeugungen geht, um unsere grundlegenden Glaubenssätze, zum Beispiel die Überzeugung, dass Bäume existieren – sträubt sich unsere Vernunft sie aufzugeben.

Es ist keine angenehme Erfahrung, wenn unsere Grundüberzeugungen ins Wanken geraten, besonders wenn einem nicht einfällt, wie man sie verteidigen könnte. Manche

Leute werden in einem solchen Fall ganz schön sauer. Sie behaupten, dieser Philosoph rede kompletten Unsinn. »Wie *lächerlich!*«, rufen sie erbost aus. »*Natürlich* weiß man, dass Bäume existieren.« Und schon stürmen sie wütend von dannen.

Doch der Philosoph kann zu bedenken geben, dass sich die menschliche Vernunft schon etliche Male geirrt hat. Früher galt es zum Beispiel als Grundüberzeugung, dass die Erde eine Scheibe wäre. Das sieht doch jeder, nicht wahr? Schließlich sieht sie flach aus, oder etwa nicht? Frühere Seefahrer hatten eine Heidenangst davor, ins Nichts zu fallen, wenn sie sich zu weit aufs Meer hinauswagten.

Etliche Leute wurden ziemlich sauer, als diese ihre Grundüberzeugung in Frage gestellt wurde. »Wie *lächerlich!*«, riefen sie empört aus. »*Natürlich* ist die Erde eine Scheibe!« Und sie stürmten wütend von dannen.

WIE LÄCHERLICH!!

Doch heute wissen wir, dass die Erde keine Scheibe ist. Der gesunde Menschenverstand hatte sich geirrt.

Hier noch ein weiteres Beispiel: Schau dir dieses Stück Papier an. Es hat zwei Seiten: die Vorderseite . . . und die Rückseite. Und nun frag dich: Könnte es ein Blatt Papier geben, das nur *eine* Seite hat? Die meisten würden antworten: Nein, *natürlich* nicht. Jedes Blatt Papier hat zwei Seiten. Das sagt einem der gesunde Menschenverstand.

Doch es stimmt nicht. Wenn du einen Papierstreifen nimmst:

... ihn in der Mitte verdrehst ...

... und dann die beiden Enden so zusammenklebst ...

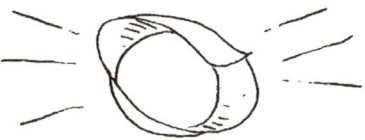

... hast du auf einmal ein Stück Papier mit *nur einer Seite* vor dir. Der Streifen sieht zwar so aus, als habe er noch immer zwei Seiten, doch wenn du eine Seite berührst und an ihr entlang um die Schlaufe fährst, wirst du feststellen, dass das, was wie zwei unterschiedliche Seiten aussieht, nur noch eine ist.

Der gesunde Menschenverstand hat sich schon in vielen Dingen geirrt. Und vielleicht täuscht er sich auch in der Überzeugung, dass es Bäume wirklich gibt.

Was die Skeptiker NICHT behaupten

Damit keine Verwirrung entsteht, müssen wir unbedingt auch klarstellen, was die Skeptiker *nicht* behaupten.

Erstens behaupten sie nicht, dass du oder sie tatsächlich ein

Gehirn in einem Behälter sind. Sie behaupten nur, dass *niemand weder das eine noch das andere mit Sicherheit wissen kann.*

Zweitens behaupten sie nicht nur, dass wir nicht mit *absoluter Gewissheit* sagen können, ob die Welt, die wir sehen, real und nicht virtuell ist. Sie behaupten noch weit mehr. Sie behaupten, dass es absolut keinen Grund gibt, zu glauben, dass wir in einer realen Welt leben und nicht etwa in einer virtuellen.

Drittens gehen sie nicht so weit zu behaupten, dass kein Mensch überhaupt *etwas wissen kann.* Schließlich behaupten sie ja selbst, dass sie *etwas* wissen, nämlich, dass niemand etwas über die uns umgebende Welt wissen kann.

Eine uralte Streitfrage

Wir stehen also vor einem kniffligen Rätsel. Auf der einen Seite sagt uns der gesunde Menschenverstand, dass wir wissen, dass es Bäume gibt. Diese Grundüberzeugung wollen wir nicht aufgeben (eigentlich glaube ich, dass wir sie auch dann nicht aufgeben *könnten*, wenn wir wollten). Andererseits führen die Skeptiker ein Argument an, das zu beweisen scheint, dass der gesunde Menschenverstand sich auch irren kann: Wir wissen *nicht*, ob es Bäume gibt. Welche Sichtweise ist nun korrekt?

Obwohl ich sie modern verpackt habe, ist diese Streitfrage

in Wirklichkeit schon sehr alt. Sie ist eine der bekanntesten philosophischen Streitfragen überhaupt. Noch heute beschäftigen sich Philosophen weltweit an allen Universitäten mit dieser Frage. Und es gibt bis heute keine Übereinstimmung darüber, ob die Skeptiker Recht haben oder nicht. Und ich gestehe: Ich persönlich bin mir auch nicht sicher.

Seit Jahrtausenden setzen sich die Philosophen nun schon mit dem Skeptizismus auseinander. Sie haben versucht zu beweisen, dass der gesunde Menschenverstand Recht hat und dass wir sehr wohl etwas über die uns umgebende Welt wissen. Einige ihrer Versuche, die Skeptiker zu widerlegen, klingen recht clever. Doch sind sie auch überzeugend? Beschäftigen wir uns nun mit einem dieser Versuche.

Ockhams Rasiermesser

Die Skeptiker konfrontieren uns mit zwei Theorien oder *Hypothesen*. Die erste Hypothese, die Vernunft-These, lautet, dass wir kein Gehirn in einem Behälter sind, dass unsere Welt real ist. Die zweite Hypothese besagt, dass wir sehr wohl ein Gehirn in einem Behälter sind und die uns umgebende Welt nur virtuell ist.

Die Skeptiker behaupten nun, dass es keine Veranlassung gibt, der ersten Hypothese mehr Glauben zu schenken als der zweiten. Beide Hypothesen werden durch unsere Sinnesorgane gleichermaßen gestützt. In beiden Fällen käme uns alles gleich vor. Deshalb können wir nicht behaupten, die erste Hypothese sei wahr und die zweite nicht.

Nun mögen wir zwar den Skeptikern zustimmen, dass die Art, wie wir die Dinge wahrnehmen, mit keiner der beiden Hypothesen in Widerspruch steht. Wie ich gleich erklären werde, folgt daraus jedoch nicht, dass diese Tatsache gleichermaßen beide Hypothesen stützt.

Es gibt ein bekanntes philosophisches Prinzip, welches besagt: Steht man vor zwei Hypothesen, die beide vom Augenschein her gleichermaßen wahrscheinlich sind, ist es grundsätzlich vernünftig, die *einfachere* Hypothese zu glauben. Dieses Prinzip heißt *Ockhams Rasiermesser* – oder auch Ökonomieprinzip. Und auf jeden Fall klingt es sehr plausibel.

Das Beispiel mit der brennenden Glühbirne

Hier eine Darstellung, die das Prinzip von Ockhams Rasiermesser verdeutlicht. Stell dir eine kleine Box vor, an der seitlich ein Knopf und oben eine Glühbirne angebracht sind. Immer, wenn man auf den Knopf drückt, geht das Licht an. Ansonsten brennt die Glühbirne nicht.

Warum die Glühbirne angeht, kann man mit zwei verschiedenen Hypothesen erklären.

Hypothese eins: Knopf und Glühbirne sind miteinander verbunden und im Inneren der Box an eine Batterie angeschlossen. Wenn man auf den Knopf drückt, ist der Stromkreis geschlossen und das Licht geht an.

Hypothese zwei ist etwas komplizierter. Sie besagt, dass der Knopf an einen Stromkreis angeschlossen ist, der eine Batterie mit einer zweiten Glühbirne *im Inneren* der Kiste verbindet. Wird der Knopf gedrückt, brennt diese innere Glühbirne. Ein Lichtsensor in der Box bemerkt dies und schaltet einen *zweiten* Stromkreis zwischen einer *zweiten* Batterie und der Glühbirne an, die oben auf der Kiste angebracht ist. Deshalb beginnt auch diese zu leuchten.

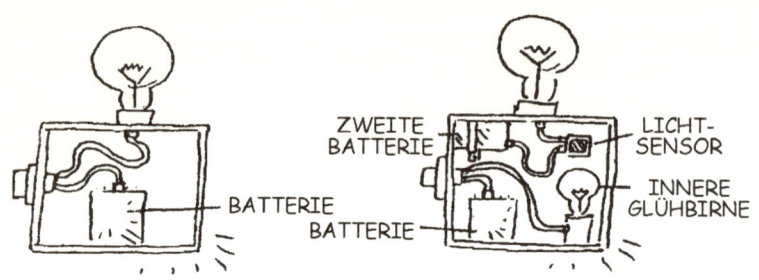

ZWEITE BATTERIE — LICHT-SENSOR — BATTERIE — INNERE GLÜHBIRNE — BATTERIE

Nun, welche der beiden Hypothesen klingt deiner Meinung nach vernünftiger? Stimmt, beide sind gleichermaßen mit dem *vereinbar*, was du siehst: In beiden Fällen leuchtet die Glühbirne nur dann, wenn der Knopf gedrückt wird. Aber man kann nicht behaupten, beide Hypothesen seien gleichermaßen *vernünftig*. Die erste Hypothese klingt mit Sicherheit vernünftiger als die zweite, weil diese zweite *komplizierter* ist: Sie setzt *zwei* Stromkreise im Inneren der Kiste voraus, nicht nur einen.

Können wir Ockhams Rasiermesser zur Verteidigung der Skeptiker anführen? Kann sein. Man kann vielleicht sagen, dass von unseren zwei Hypothesen von vorhin – erstere besagt, dass die Welt um uns herum real ist, während die zweite besagt, dass sie virtuell ist – die erste Hypothese einfacher klingt. Denn während es im ersten Fall nur eine Welt gibt, setzt die zweite Hypothese voraus, dass es *zwei* Welten geben muss: eine tatsächliche Welt, in der es Marsbewohner, einen Supercomputer, einen Behälter und dein Gehirn gibt, in dem eine zweite, virtuelle Welt erzeugt wird – mit virtuellen Bäumen, Häusern, Menschen und so weiter. Dass die erste Hypothese einfacher klingt, bedeutet also, dass sie die vernünftigere ist.

Deshalb irren sich die Skeptiker: Es *ist* einfach vernünftiger, zu glauben, dass die Welt, die wir sehen, real und nicht virtuell ist, obwohl die Art, wie die Welt auf uns wirkt, mit beiden Hypothesen vereinbar wäre.

Ein kleiner Einwand

Was hältst du von dieser Antwort auf die Behauptung der Skeptiker? Mir persönlich macht sie ein bisschen Kopfzerbrechen. Ein Grund ist der: Ist die Hypothese, dass wir in einer realen Welt leben, wirklich die einfachere? Das hängt weitgehend davon ab, was wir unter »einfacher« verstehen. Okay, in mancher Hinsicht ist die erste Hypothese einfacher, in anderer Hinsicht jedoch wiederum auch nicht.

Jemand könnte zum Beispiel behaupten, die zweite Hypothese sei die einfachere, weil sie *weitaus weniger realer, stofflicher Gegenstände* bedarf: Es muss nur die Marsbewohner, dein Gehirn in einem Gefäß und einen Supercomputer geben. Den Planeten Erde mit all seinen Bäumen, Häusern, Katzen, Hunden, Bergen, Autos und so weiter muss es in diesem Fall gar nicht wirklich geben.

Ein anderer könnte behaupten, die zweite Hypothese sei einfacher, weil sie *weitaus weniger realer Gehirne* bedarf. Wenn deine Familie, deine Freunde und Nachbarn und so weiter nur virtuell sind, dann auch das, was sie als ihren Verstand betrachten. Die einzigen realen Gehirne, die die zweite Hypothese voraussetzt, sind dein Gehirn sowie das der Computerbauer.

Es steht also gar nicht so zweifelsfrei fest, dass die erste Hypothese die einfachere ist. Man kann genauso gut behaupten, die zweite Hypothese sei einfacher und folglich vernünftiger. Eigentlich klingt es vernünftiger, anzunehmen, dass du ein Gehirn in einem Behälter bist!

Bin ich eine Insel?

Falls die Skeptiker Recht haben (ich behaupte jedoch nicht, dass das der Fall ist!), dann ist jeder von uns in hohem Maße losgelöst von der Welt, die ihn umgibt. Keiner weiß etwas über sie. Es besteht überhaupt kein Anlass, zu glauben, dass du in einer Welt mit Bäumen, Häusern, Katzen, Hunden, Bergen und Autos lebst. Und es besteht auch kein Grund, zu glauben, dass du von anderen Menschen umgeben bist. Deine ganze Umgebung – einschließlich der Menschen, die darin vorkommen (auch ich) – könnte rein virtuell sein.

Das ist ein ziemlich beängstigender Gedanke. Er zwingt dich, dich auf ganz andere Weise zu sehen. Jemand hat einmal gesagt: »Kein Mensch ist eine Insel.« Doch wenn die Skeptiker Recht haben, ist dieser Satz total falsch. Jeder von uns ist auf seiner eigenen einsamen Insel gestrandet, unfähig etwas über die Welt zu wissen, die jenseits des Horizonts unserer Sinneserfahrungen liegt. Wir sind abgeschlossen von der dahinter liegenden Welt. Und wir sind auch untereinander isoliert. Wir sind Gefangene unseres eigenen Geistes. Die Skeptiker zeichnen hier ein sehr einsames Bild.

In anderer Hinsicht macht der Skeptizismus allerdings keinen Unterschied. Er lässt unser alltägliches Leben unberührt. Selbst eingefleischte Skeptiker führen ihr Alltagsleben weiter. Sie füttern ihre Katze, spülen ihr Geschirr. Sie gehen zur Arbeit, treffen sich mit ihren Freunden auf einen Kaffee. Nicht einmal die Skeptiker können damit aufhören, zu glauben, dass die Welt, die sie sehen, real ist, trotz der

Tatsache, dass sie davon überzeugt sind, dass es keinen Grund gibt, das anzunehmen. Es sieht ganz so aus, als seien wir von Geburt an Gläubige: Wir können einfach nicht anders.

Doch haben die Skeptiker Recht? Ich weiß es einfach nicht. Was denkst du?

3. Abenteuer
Wo ist das Ich?

Mathilda

Darf ich dir meine Tante Mathilda vorstellen?
Wie du siehst, ist Mathilda schon recht
alt, 75 Jahre, um genau zu sein. Sie hat
sich im Laufe ihres Lebens ungeheuer
verändert – natürlich auch körperlich.
Heute hat sie graue Haare, früher waren
sie braun gewesen. Sie braucht inzwischen einen Gehstock und eine Brille.
Vor langer, langer Zeit, als Mathilda

noch ein Baby gewesen war, wog sie nur wenige Kilo.
Heute wiegt sie über achtzig Kilo!
Werfen wir einen Blick in Mathildas Fotoalbum.

Wenn du ihr Fotoalbum durchblätterst, kannst du ihre körperlichen Veränderungen sehen.
Aber natürlich hat sich Mathilda auch geistig verändert. Im
Laufe der Zeit hat sie immer mehr Erinnerungen angesam-
melt. Viele Dinge hat sie aber auch vergessen. Während ih-

rer Kindheit haben sich ihre Intelligenz und Persönlichkeit sehr rasch entwickelt. Und auch noch in den letzten paar Jahren hat sich ihre Persönlichkeit ein bisschen verändert. Sie verliert zum Beispiel nicht mehr so schnell die Fassung, wenn ihr beim Lösen eines Kreuzworträtsels ein Begriff nicht gleich einfällt.

Doch trotz all der körperlichen und psychologischen Veränderungen, die mit Mathilda im Laufe ihres Lebens geschehen sind, ist es immer noch ein und dieselbe Person, die wir auf all diesen Fotos sehen. Es ist stets Mathilda.

Die persönliche Identität

Beschäftigen wir uns nun mit folgender Frage: Was verbindet die 2-, 5-, 10-, 25-, 50-, 70-Jährige und natürlich die Mathilda, die sie heute ist, miteinander? Was *bewirkt,* dass es sich immer um ein und dieselbe Person handelt?

Bei dieser Frage geht es um die *persönliche Identität.* Uns interessiert Folgendes: Worin besteht die Identität einer bestimmten Person im Wesentlichen? Diese Frage stellen sich Philosophen nun schon seit über zweitausend Jahren. Und wie wir gleich sehen werden, ist sie keineswegs leicht zu beantworten.

Auf Anhieb denkst du vielleicht, dass die Antwort doch auf der Hand liegt. Die 2-, 5-, 10-Jährige und so fort auf den Fotos hat immer denselben *lebenden Organismus.*

Selbstverständlich meine ich damit nicht, dass es sich jeweils um denselben *Haufen von Materie* handelt. Denn die Materie von Mathildas Körper hat sich im Laufe ihres Lebens natürlich verändert. Jeder lebende Organismus besteht aus Millionen von Zellen, die nach und nach durch neue ersetzt werden.

Doch der lebende Organismus bleibt trotz all dieser Veränderungen derselbe. Und du denkst vielleicht, dass das die Identität einer Person ausmacht. Was die 2-, 5-, 10-Jährige und so fort zu ein und derselben Person macht, nämlich zu Mathilda, ist die Tatsache, dass sie alle denselben gemeinsamen lebenden Organismus besitzen: den Körper, den Mathilda bis heute hat.

Doch ich bin mir nicht sicher, ob diese »offensichtliche« Antwort korrekt ist. Die erfundene Geschichte, die ich dir jetzt schildern werde, beweist eher, dass sie *nicht* korrekt ist.

Das vertauschte Gehirn

Das hier sind Fred und Bert.

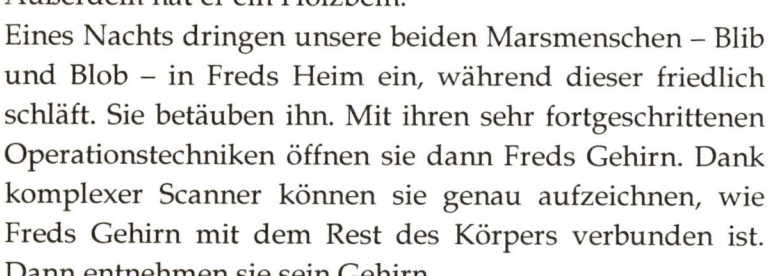

Fred und Bert leben in entgegengesetzten Stadtvierteln und haben sich noch nie getroffen. Fred ist 1,75 m groß, dünn und rothaarig. Bert ist 1,90 m groß, kahlköpfig und unheimlich dick. Außerdem hat er ein Holzbein.

Eines Nachts dringen unsere beiden Marsmenschen – Blib und Blob – in Freds Heim ein, während dieser friedlich schläft. Sie betäuben ihn. Mit ihren sehr fortgeschrittenen Operationstechniken öffnen sie dann Freds Gehirn. Dank komplexer Scanner können sie genau aufzeichnen, wie Freds Gehirn mit dem Rest des Körpers verbunden ist. Dann entnehmen sie sein Gehirn.

Anschließend fliegen Blib und Blob mit Freds Gehirn in ihrer fliegenden Untertasse über die Stadt. Unterwegs treffen sie Flib und Flob, zwei andere Wissenschaftler vom Mars. Flib und Flob haben soeben dieselbe Operation an Bert durchgeführt. Die beiden Teams vom Mars tauschen Informationen darüber aus, wie die Gehirne ursprünglich mit dem Körper verbunden waren. Danach fliegen Flib und Flob zu Freds Haus, wo sie Berts Gehirn in Freds Schädel installieren. Und Blib und Blob pflanzen Freds Gehirn in Berts Körper ein.

Die Marsbewohner setzen Freds und Berts Schädeldecken wieder auf und schließen die Nähte. Sie verfügen über eine hochmoderne Technik, bei der Narben sofort verheilen, sodass nichts mehr zu sehen ist. Anschließend beseitigen sie sorgfältig alle Spuren ihres nächtlichen Besuchs und verschwinden.

Der Morgen kommt. Der Mann, der in Freds Bett liegt, wacht auf und blickt sich um. Er weiß nicht, wo er ist. Das ist doch nicht mein Schlafzimmer, denkt er. Als er an einem Spiegel vorbeigeht, bekommt er einen riesigen Schreck. Was ist mit seinem Aussehen?

Er hatte gedacht, er wäre dick, doch nun ist er dünn. Er hatte schwören können, er wäre 1,90 m groß, doch nun ist er nur noch 1,75 m groß. Er ist sich sicher, dass er kahl war, doch nun hat er rote Haare. Er glaubte immer, braune Augen zu haben, doch nun sind sie blau. Und er hat auch kein

WAS IST MIT MIR PASSIERT?

Holzbein mehr, sondern zwei normale, gesunde Beine. »Was ist mit mir passiert?«, fragt er sich.

Da klopft es an der Tür. Der Mann mit Freds Körper öffnet. Es ist der Postbote. »Hallo, Fred«, sagt er. Der Postbote denkt natürlich, es sei Fred, weil Freds Körper ja vor ihm steht. Doch die Person in Freds Körper antwortet: »Ich bin nicht Fred! Ich heiße Bert! Was ist hier los?«

Der Mann, der an diesem Morgen in Berts Bett aufwacht, erlebt natürlich eine ähnliche Überraschung.

Wo befinden sich Fred und Bert?

Überleg doch mal selbst: Wo befinden sich Fred und Bert? Wenn ich über diese Geschichte nachdenke, komme ich zu folgendem Schluss: Fred steckt in Berts Körper und Bert in Freds Körper. Fred und Bert haben ihre Körper vertauscht. Die Person mit Freds Körper besitzt Berts Gehirn und folglich auch all seine Erinnerungen. Sie hat auch Berts Charakter: seine Vorliebe für Hamburger, seine Abneigung gegen klassische Musik, sein aufbrausendes Temperament, seinen Geiz und so weiter. Sie *glaubt* sogar Bert zu sein. Doch dann ist der Mann mit Freds Körper *in Wirklichkeit* Bert. Besitzt er denn nicht alles, was für Berts Charakter und Wesenszüge eine Rolle spielt?

Doch zurück zu unserer ursprünglichen Frage: Was bewirkt, dass
diese Zweijährige,
diese Zehnjährige,
diese Fünfundzwanzigjährige
und diese
Fünfundsiebzigjährige
ein und dieselbe Person sind? Unsere erste Antwort lautete: Die Tatsache, dass sie alle denselben lebendigen Organis-

mus haben, den Körper, den Mathilda bis heute hat. Doch nun sieht es ja ganz so aus, als könne diese Antwort nicht richtig sein.

Der Fall der vertauschten Gehirne scheint zu beweisen, dass sich eine Person nicht unbedingt da befinden muss, wo sich ihr Körper befindet. Fred ist nicht da, wo sein Körper ist. Fred steckt in Berts Körper und Bert in Freds Körper.

Klar, im normalen Leben kommt so ein Gehirntausch natürlich nie vor. Man verbringt sein Leben natürlich in seinem gewohnten Körper. Doch die Geschichte mit den vertauschten Gehirnen zeigt, wie es sein könnte, wenn Körper ausgetauscht wären.

Mathilda ist noch in ihrem eigenen Körper. Wäre ihr Gehirn theoretisch in einen anderen Körper transplantiert worden, hätte sie einen anderen Körper.

Ein Einwand

Einige (wenn auch nicht alle) Philosophen lassen sich von solchen Argumenten wie dem Gehirntausch überzeugen. Auf Grund einer solchen fiktiven Möglichkeit behaupten sie, dass es für die persönliche Identität keine Rolle spielt, was für einen Körper man hat.

Doch vielleicht bist du anderer Meinung. Vielleicht glaubst du nicht, dass der Mann mit Berts Körper Fred sein wird. Dann würdest du zum Beispiel anführen, dass du nicht glaubst, dass der Mann mit Berts Körper dem »früheren« Fred sehr ähnlich sein wird. Vielleicht kommst du mit diesem Einwand: Nehmen wir mal an, Fred war ein guter Läufer. Möglicherweise hat er sogar bei den Olympischen Spielen eine Goldmedaille gewonnen.

Das Laufen war Freds ganzes Leben. Und auf einmal findet er sich in einem dicken, untrainierten Körper und mit einem Holzbein wieder. Er kann nicht mehr laufen. Das wird seine Persönlichkeit natürlich stark beeinflussen. War er früher ein zufriedener, mitteilsamer Mensch, so wird er nun wahrscheinlich depressiv sein und vielleicht sogar an Selbstmord denken. Dann wäre er doch sicher *nicht mehr Fred*, denn Fred war ein zufriedener, umgänglicher Mensch.

Ich bin anderer Meinung. Ich finde nicht, dass dies beweist, dass es nicht mehr Fred ist, der nun in Berts Körper steckt. Natürlich ist es sehr wahrscheinlich, dass Fred depressiv würde, wenn er in einem so anderen Körper steckte. Doch vergessen wir den Gehirntausch für einen Moment. Nehmen wir an, Fred hätte unter *normalen* Umständen ein Bein und alle Haare verloren und würde infolge einer Krankheit auf einmal zwanzig Kilo zunehmen. Dann würde er vermutlich auch depressiv werden. Doch dennoch wäre er mit Sicherheit noch immer Fred. Wenn er aus irgendwelchen Gründen depressiv würde, wäre er zweifellos nach wie vor Fred.

Stieße Fred so etwas zu, würden wir vielleicht sagen, dass er »nicht mehr der Alte« oder »nicht mehr derselbe Mensch ist«. Doch wir würden nicht meinen, dass die Person, die dann vor uns stünde, nicht mehr Fred wäre. Wir würden nur sagen, dass er sich sehr stark verändert hat. Wenn wir sagen, »Fred ist nicht mehr der Mensch, der er früher war«, würden wir damit nicht insgeheim zugeben, dass es noch immer Fred ist?

Deshalb lehne ich diesen Einwand ab. Dass die Person mit Berts Körper depressiv wird, während Fred früher zufrieden und positiv war, beweist nicht, dass der Mensch in Berts Körper nicht mehr Fred ist.

Fallbeispiel: Der Gehirn-Scanner

Vielleicht bist du noch nicht ganz überzeugt. Du sagst vielleicht, dass der Körper für die persönliche Identität zwar eine Rolle spielen mag, jedoch nicht der ganze Körper, sondern nur ein Teil davon. Dieser entscheidende Teil ist das Gehirn. Du magst zustimmen, dass Fred und Bert die Körper getauscht haben, nicht aber die Gehirne. Freds und Berts Ich sind noch immer da, wo ihre Gehirne sind. Folglich kannst du sagen, dass das Beispiel mit den vertauschten Gehirnen nicht beweist, dass es nicht das Gehirn wäre, das entscheidet, wo sich das Ich einer Person befindet.

Okay, da gebe ich dir Recht. Doch wandeln wir diese Geschichte ein kleines bisschen ab. Nehmen wir an, die Marsbewohner hätten die Gehirne nicht *getauscht*, sondern nur einen Gehirn-Scanner eingesetzt. Dieser Gehirn-Scanner wäre ein Gerät, das mit zwei Helmen verbunden ist.

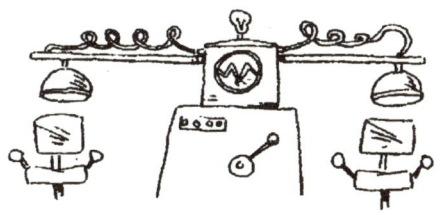

GEHIRNSCANNER MK1

Werden diese Helme auf zwei Köpfe gesetzt, zeichnet das Gerät exakt auf, wie die beiden Gehirne im Inneren verdrahtet sind, wie all ihre Neuronen miteinander verbunden sind, wie ihr Chemikalienhaushalt zusammengesetzt ist und so weiter. All diese Informationen werden von dem Gerät erfasst und gespeichert. Und dann geschieht es: Ein

Knopfdruck genügt und schon programmiert der Gehirn-Scanner jedes Gehirn so um, wie bisher das andere struktu-riert war.

Die Persönlichkeit, Erinnerungen und andere psychologi-sche Merkmale einer Person werden bekanntlich dadurch bestimmt, wie ihr Gehirn aufgebaut ist. Wenn also der Auf-bau der Gehirne ausgetauscht wird, tauscht der Gehirn-Scanner automatisch *auch* all diese psychologischen Eigen-heiten aus.

Nehmen wir nun an, Blib und Blob hätten Freds und Berts Gehirne nicht vertauscht, sondern nur diesen Gehirn-Scanner eingesetzt. Sie hätten Freds Gehirn so strukturiert, wie Berts Gehirn strukturiert war und umgekehrt. Beachte bitte, dass die Gehirne im ursprünglichen Körper bleiben. Sie werden nur neu strukturiert.

Doch durch diese Umstrukturierung der beiden Gehirne wären die Erinnerungen und Wesenszüge vertauscht wor-den. Blib und Blob hätten bewirkt, dass Freds Erinnerungen und Wesenszüge von seinem Körper in Berts Körper über-gegangen wären und umgekehrt.

GEHIRNSCANNER MK1

Nach dieser Operation an den bewusstlosen Männern ha-ben die Marsbewohner die Person mit Freds Körper wieder in Freds Bett und die Person mit Berts Körper wieder in Berts Bett gelegt.

Das Ergebnis wäre natürlich genau dasselbe wie bei einem Gehirntausch. Der Mann, der am nächsten Morgen in Freds Bett aufwacht, wird Berts Persönlichkeit und seine Erinnerungen haben. Also wird er wieder über sein Aussehen schockiert sein, wieder glauben, er sei Bert und so weiter.

Stell dir nun die Frage: Wo befinden sich Fred und Bert? Zweifellos ist Fred in Berts Körper gelandet und Bert in Freds Körper, genau wie im Falle eines Gehirntauschs. Doch wenn das stimmt, dann *muss das Ich einer Person nicht zwangsläufig dort sein, wo sich ihr Gehirn befindet*. Rein theoretisch müsste es durchaus möglich sein, dass Leute ihren *kompletten* Körper vertauschen, einschließlich des Gehirns.

Der Fall des Gehirn-Scanners scheint zu beweisen, dass das, was die Identität eines Menschen ausmacht, sich dort befindet, wo seine relevanten Erinnerungen und Persönlichkeitszüge gespeichert sind, nicht dort, wo sich sein Körper oder irgendein Teil davon befindet.

Ist der Mensch wie ein Seil?

Wir sind zu der Ansicht gelangt, dass das, was für die persönliche Identität so entscheidend ist, die entsprechenden Erinnerungen und Wesenszüge sind. Was die Person in Freds Körper zu Bert macht, ist, dass er Berts Erinnerungen und seine Wesenszüge besitzt. Dass er sich nicht mehr in Berts Körper befindet, spielt dabei keine Rolle.

Wenn das zutrifft, dann ist das, was die 5-, 10-, 25-, 50- und 75-jährige Person in Mathildas Album zu ein und derselben Person *macht*, die Tatsache, dass diese Individuen dieselben Erinnerungen und Wesenszüge teilen. Das macht sie zu einer einzigen Person. Es trifft natürlich auch zu, dass Mathilda all die Jahre über und in ihren verschiedenen Altersstufen ein und denselben lebenden Organismus hatte, doch dies ist nicht das Ausschlaggebende, wie wir gemerkt haben haben.

Doch was die Behauptung betrifft, diese fünfundsiebzigjährige Frau...

sei dieselbe Person wie dieses zweijährige Kind...

Beide Personen haben natürlich nicht die genau *gleichen* Erinnerungen. Das wäre lächerlich. In ihrem hohen Alter erinnert sich Mathilda an viele Dinge, die sie im Alter von zwei Jahren noch nicht erlebt hatte. Es gibt aber auch jede Menge Erinnerungen, die sie inzwischen komplett vergessen hat.

Was für die persönliche Identität eines Menschen so wichtig zu sein scheint, ist eine gewisse *Kontinuität* der Erinnerungen und der Persönlichkeit. Im Laufe seines Lebens hat ein Mensch nicht stets genau dieselben Erinnerungen und genau dieselbe Persönlichkeit. Doch es muss zumindest eine Art *Überlappung* geben.

Hier ein Beispiel für eine solche Überlappung. Mathildas Gedächtnis ist nicht mehr das beste. Von der Zeit, als sie zwei oder fünf Jahre.alt gewesen war, weiß sie nichts mehr. Doch an einiges von damals, als sie zehn Jahre alt gewesen war, kann sie sich noch erinnern. Nehmen wir also an, dass sie sich als Zehnjährige an Ereignisse erinnerte aus der Zeit, als sie fünf Jahre alt war, obwohl sie schon damals fast alles von ihren Erlebnissen als Zweijährige vergessen hatte. Und nehmen wir weiter an, dass sie sich als Fünfjährige noch an Dinge erinnern konnte, die sie als Zweijährige erlebt hatte.

Es gibt also eine überlappende Abfolge von Erinnerungen, die die Mathilda von heute mit der zweijährigen Mathilda

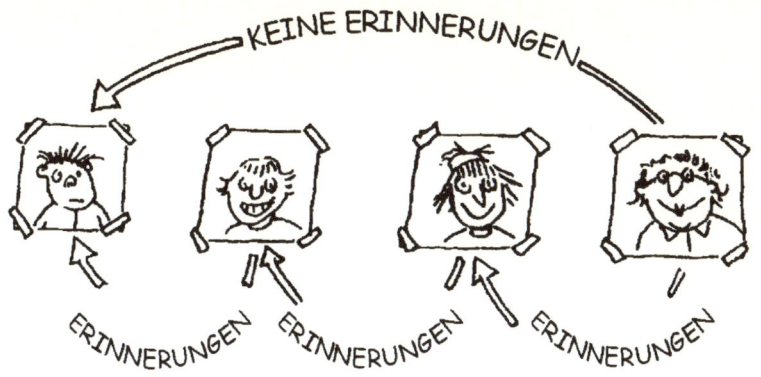

verbinden, trotz der Tatsache, dass sie sich heute nicht mehr an diese Zeit erinnern kann.

Vielleicht ist dir auch schon der Gedanke gekommen, dass Mathildas Lebensgeschichte ein bisschen an ein Seil erinnert. Ein Seil besteht aus sich überlappenden Fasern, die allesamt kürzer sind als das Seil an sich. Einige Fasern reichen vom Anfang bis zu etwa einem Drittel der Gesamtlänge, andere Fasern setzen bei einem Viertel ein und reichen bis zu drei Vierteln der Gesamtlänge, andere Fasern erstrecken sich nur über das letzte Drittel. Keine der Fasern am einen Ende geht durch bis zum anderen Ende. Trotzdem bilden all diese Fasern ein einziges Seil, weil sich die Einzelfasern immer wieder überlappen. Auf ähnliche Weise sind Mathildas Erinnerungen und Wesenszüge heute ganz verschieden von denen, die sie als Zweijährige hatte. Trotzdem ist Mathilda sowohl diese Zweijährige. . .

als auch diese
Fünfundsiebzigjährige. . .,

75

weil die Personen auf beiden Bildern durch eine überlappende Abfolge von Erinnerungen und Wesenszügen miteinander verbunden sind.

Reinkarnation

Wenn das, was dich als Person ausmacht, darin besteht, dass du eine dir eigene Persönlichkeit und ureigene Erinnerungen hast, ob du dich nun im selben physischen Körper befindest oder nicht, dann könnte es doch sein, dass jemand, der stirbt, später in einem anderen Körper wieder geboren wird. Klar, das *muss* nicht unbedingt der Fall sein. Doch es *könnte* immerhin so sein.

Wenn jemand in einem neuen Körper wieder geboren wird, sagt man, er habe *reinkarniert* oder sei wieder geboren. Manche Religionen behaupten, dass wir alle schon ein- oder mehrmals gelebt haben, also Wiedergeborene sind.

Eine Form von Wiedergeburt wäre es auch, wenn der Gehirn-Scanner, von dem schon die Rede war, kurz vor deinem Tod eingesetzt werden würde und später das Gehirn eines anderen so umstrukturiert werden würde, dass deine Erinnerungen und Wesenszüge auf diesen neuen Körper übergehen. Das wäre dasselbe, als würdest du in einem anderen Körper weiterleben.

Wer weiß, vielleicht wird es eines Tages dank hochmoderner wissenschaftlicher Fortschritte solche Reinkarnationen geben. Allerdings wäre es wohl kaum fair, sich einfach den Körper eines anderen zu schnappen. Denn was geschieht mit dem armen Kerl? Doch vielleicht kann man irgendwann durch Klonen oder einen ähnlichen Prozess neue Körper erschaffen. Dann könntest du jahrhundertelang weiterleben. Wenn dein alter Körper »abgenutzt« ist, würdest du ihn gegen einen neuen austauschen, genau wie man ein altes, fahruntüchtiges Auto durch ein neues ersetzt.

Die Seele

Etliche, besonders sehr religiöse Menschen glauben, dass jeder von uns eine *Seele* hat. Eine Seele ist ein ganz sonderbares Ding. Sie ist nicht physisch, nicht materiell, sondern nicht-physisch. Die Seele ist etwas Übernatürliches – der Teil des Menschen, der nach Meinung vieler nach dem Tod des physischen Körpers in den Himmel kommt.

Deine Seele steht aber natürlich mit deinem physischen Körper in Verbindung. Sie kontrolliert ihn. Doch sie kann auch von ihm getrennt sein. Eine Seele kann auch ohne Körper existieren.

Wenn jeder Mensch in Wirklichkeit eine Seele ist, müsste es theoretisch möglich sein, dass zwei Menschen ihre Körper tauschen. Dann wären ihre Seelen fortan eben mit einem anderen physischen Körper verbunden.

Wenn ich dir hier vorschlage mit jemandem den Körper zu tauschen, dann will ich damit *nicht* sagen, dass du eine Seele hast. Klar, wenn wir eine Seele haben, müsste ein Körpertausch möglich sein. Doch daraus folgt nicht automatisch, dass wir auch eine Seele haben.

Ich will damit nur sagen, dass für den Körpertausch zwi-

schen Menschen nur bestimmte psychologische Eigenschaften vorhanden sein müssen (z. B. Griesgrämigkeit oder Erinnerungen an den letzten Krieg), die von einem Körper auf
einen anderen übertragen werden. Man muss keinen physischen Körperteil übertragen, nicht einmal das Gehirn. Doch
genauso wenig muss man etwas Nicht-Physisches, Übernatürliches, Seelenartiges von einem Körper auf den anderen
übertragen.

Wie ich gleich erklären werde, ist es nicht unbedingt nötig,
dass eine bestimmte Person deine Seele hat, damit sie DU
wird – auch wenn es so etwas wie Seelen gibt.

Fallbeispiel: Der Seelentausch

Nehmen wir an, du und ich hätten beide eine Seele, und *unsere Seelen* würden alle zwei Minuten *den Platz tauschen*. Alles andere jedoch – einschließlich unserer Erinnerungen
und unserer Wesenszüge – bliebe so, wie es ist. Meine Seele
würde deinen Körper, deine Erinnerungen und Wesenszüge haben, deine Seele die meinen.

Nach einem solchen Platzwechsel würde alles genau gleich sein, nicht nur für die anderen, sondern auch für *uns beide* (wo immer sich unser Ich auch gerade befindet). Denn die Person im jeweiligen Körper würde auch die Erinnerungen und Wesenszüge haben, die zum jeweiligen Körper gehören. Egal an welchen Körper deine Seele auch gerade gebunden wäre, du würdest dich an keinen Austausch erinnern. Denn du würdest dich nicht an deine eigene Vergangenheit erinnern, nur an meine.

Angenommen, so ein Seelenaustausch fände statt. Wo befinden sich dann mein Ich und dein Ich? Wenn wir sagen, dass der Mensch seine Seele ist, dann ist der Mensch immer dort, wo seine Seele ist, und wir müssten sagen, dass der Mensch mit deinem Körper, deinen Erinnerungen und Wesenszügen nun *ich* bin. Und der Mensch mit meinem Körper, meinen Erinnerungen und Wesenszügen bist dann *du*.

Doch das kann doch nicht ganz stimmen, oder? Die Person mit deinem Körper kann doch nicht *ich* sein, auch wenn sie meine Seele hat. Denn sie ist *kein bisschen wie ich*. Sie hat nicht meine Erinnerungen, ihre Persönlichkeit ist ganz anders als meine. Wenn man sie fragt, wer sie ist, sagt sie *deinen* Namen. Wenn wir nach ihren Verwandten fragen, nennt sie *deine* Verwandten. Es wird mit Sicherheit kein leichtes Unterfangen sein, diese Person davon zu überzeugen, dass sie nicht die ist, die sie zu sein glaubt.

Diese Art von Seelentausch könnte ständig passieren, und kein Mensch, nicht einmal die Betroffenen selbst, würden etwas davon bemerken. Vielleicht haben deine Seele und meine vor fünf Minuten die Plätze gewechselt. Welchen Unterschied würde das machen? Niemand würde es bemerken. Nicht einmal wir beide!

Klingt es nicht überzeugender, zu sagen, dass – selbst wenn es so etwas wie Seelen gibt – dein Ich die Person mit all deinen Erinnerungen und Wesenszügen ist, egal, welche Seele sie zufällig gerade hat? Wenn es um die Frage der persönlichen Identität geht, scheint nicht nur der Körper keine Rolle zu spielen, sondern auch die Seele nicht.

Drei Theorien

Wir haben uns nun mit drei verschiedenen Theorien zum Thema persönliche Identität beschäftigt.

Die erste Theorie – die *Körper-Theorie* der persönlichen Identität – besagt, dass der Körper die Identität eines Menschen bestimmt. Dieser Theorie zufolge ist das Ich einer Person immer dort, wo sich ihr Körper befindet. Die Geschichte mit dem Gehirn-Scanner scheint die Körper-Theorie jedoch zu widerlegen: Körper können rein theoretisch ausgetauscht werden.

Wir haben auch die *Seelen-Theorie* untersucht, die besagt, dass jeder Mensch eine immaterielle Seele hat und dass diese es ist, die die Identität bestimmt. Dieser Theorie zufolge befindet sich das Ich eines Menschen immer dort, wo sich seine Seele befindet. Doch selbst wenn es so etwas wie eine Seele gibt, scheint es durchaus auch möglich zu sein, die Seelen zu tauschen, was bedeutet, dass auch die Seelen-Theorie nicht ganz stimmen kann.

Die bisher plausibelste Theorie ist die, die besagt, dass es die Erinnerungen und Wesenszüge sind, die die Identität eines Menschen bestimmen. Nennen wir sie die *Strom-Theorie* der persönlichen Identität. Was die 2-, 5-, 10-Jährige und so weiter, die in Mathildas Fotoalbum als ein und dieselbe Person zu sehen sind, verbindet, ist die Tatsache, dass sie durch einen *Strom* von Erinnerungen und Wesenszügen miteinander verbunden sind. Psychologisch gesehen, fließen sie ineinander über. Würde dieser psychologische Strom auf einen anderen Körper übertragen werden oder von einer Seele auf die andere (falls es so etwas gibt), dann auch Mathildas Ich.

Fallbeispiel:
Das Beam-Experiment oder das Zwei-von-dir-Problem

Ich habe versucht die Strom-Theorie so plausibel wie möglich darzustellen. Doch nun muss ich gestehen, dass sie einen Haken hat. Diesen Haken nenne ich das Zwei-von-dir-Problem.

Um es besser darstellen zu können, erzähle ich dir am besten wieder eine kleine Science-Fiction-Geschichte:

Angenommen, Wissenschaftler vom Mars hätten ein Gerät entwickelt, das einen menschlichen Körper (beziehungsweise jedes materielle Objekt) scannen kann. Anschließend produzieren sie eine Kopie davon, die dem ersten Objekt bis aufs kleinste Atom gleicht. Nachdem sie dir dieses Gerät gezeigt haben, fordern sie dich auf in eine kleine Kapsel zu gehen und auf den roten Knopf zu drücken. Das tust du bereitwillig. Und zack – dein ursprünglicher Körper löst sich umgehend in Luft auf. Doch in der Sekunde, ehe er zerstört wurde, wurde er gescannt und alle Informationen, die notwendig waren, um ein Duplikat herzustellen, wurden zum Mars übermittelt, wo ein zweites Gerät steht. Dieses Gerät auf dem Mars hat in maximal einer Sekunde ein Duplikat deines Körpers produziert.

Die Person, die gleich darauf auf dem Mars aus der Kapsel steigt, ist nicht nur physisch wie du. Sie entspricht dir auch psychisch. Sie hat all deine Wesenszüge, all deine Erinnerungen. Wenn man sie fragt, wer sie ist, nennt sie deinen

Namen. Sie erinnert sich auch, dass sie vorhin auf der Erde in die Kapsel ging und auf den roten Knopf gedrückt hat.

Wenn wir nun die Strom-Theorie der persönlichen Identität akzeptieren, müssen wir sagen, dass der Mensch auf dem Mars *wirklich du bist*. Denn er entspricht dir psychologisch hundertprozentig. Du wurdest nur an einen anderen Ort »gebeamt«. Das Gerät kann Menschen von der Erde auf den Mars beamen, und – wenn gewünscht – auch wieder zurück. Vielleicht fändest du das ganz interessant. Vielleicht würdest du ohne Bedenken in die Kapsel gehen und gespannt auf den roten Knopf drücken, voller Vorfreude darauf, gleich auf den Mars »gebeamt« zu werden.

Ich hingegen habe ein paar Zweifel. Was ist, wenn wir die Geschichte leicht verändern? Was, wenn die Maschine so programmiert ist, dass sie nicht ein Duplikat herstellt, sondern gleich zwei? Dann würden auf dem Mars zwei Personen aus der Kapsel klettern, die dir in allen Punkten entsprechen. Man könnte dann sagen, dass sich der psychologische Strom in diesem Fall teilt.

Er verzweigt sich.

Diese Geschichte bringt die Strom-Theorie in große Schwierigkeiten, denn sie besagt, dass beide Personen, weil sie dir psychologisch entsprechen, auch *du* sind. Beide sind genauso wie du. Doch sie *können* nicht beide genau dieselbe Person wie du sein, denn daraus würde folgen, dass sie ein und dieselbe Person sind, was sie ganz offensichtlich nicht sind: Es gibt zwei von ihnen, nicht einen. Sie mögen *gleich* sein, aber sie sind nicht *ein und dieselbe Person*. Deshalb sieht es ganz danach aus, als könne auch die psychologische Strom-Theorie nicht korrekt sein.

Die Einstrom-Theorie

Wie wir gesehen haben, wirft die Möglichkeit, dass der psychologische Strom sich teilen kann, für die Strom-Theorie ein großes Problem auf.

Kann man die Theorie so abändern, dass dieses Problem aus der Welt geschafft ist?

Einige Philosophen sind auf die Idee gekommen, dass man nur eine weitere Voraussetzung hinzufügen muss, um das Problem zu lösen. Diese Voraussetzung besagt, dass jede *Aufteilung des psychologischen Stroms* ausgeschlossen ist. Wenn sich der psychologische Strom an irgendeinem Punkt zweiteilt, dann ist *keines* der späteren Individuen identisch mit dem früheren. In dem Moment, in dem sich der Strom teilt, entstehen neue Personen und die ursprüngliche Person verschwindet. Teilt sich der Strom jedoch nicht – wenn es nur ein späteres Individuum gibt, in dem das frühere Ich psychologisch gesehen weiterfließt –, dann sind das frühere und das spätere Individuum ein und dieselbe Person.

Dies bezeichnen wir als die *Einstrom-Theorie* der persönlichen Identität.

Der Duplikator-Scanner

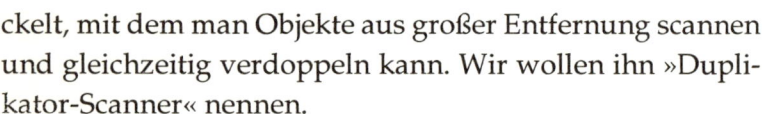

Zwei weitere Gedankenexperimente stellen die Einstrom-Theorie jedoch erneut vor ein Problem.

Nehmen wir an, die Wissenschaftler vom Mars hätten einen Scanner entwickelt, mit dem man Objekte aus großer Entfernung scannen und gleichzeitig verdoppeln kann. Wir wollen ihn »Duplikator-Scanner« nennen.

Ich habe gerade mein Haus verlassen und gehe die Straße entlang. Ohne mein Wissen zielen Marsbewohner aus dem Weltall auf mich und drücken auf den Auslöser. Der Scanner registriert sofort ganz genau, wie ich physikalisch zusammengesetzt bin, und produziert in der Kapsel an Bord ihres Weltraumschiffes ein atomgenaues Duplikat meiner Wenigkeit. Das Duplikat, das gleich darauf aus der Kapsel kommen wird, ist psychologisch deckungsgleich mit mir. Es wird das Gefühl haben, gerade aus seinem Haus gekommen und die Straße entlanggegangen zu sein, als die Straße plötzlich in ein Weltraumschiff gemündet haben muss. Unten auf der Erde wird die Person mit meinem Originalkörper am Ende der Straße ankommen und um die Ecke biegen. Sie hat keine Ahnung, was soeben passiert ist.

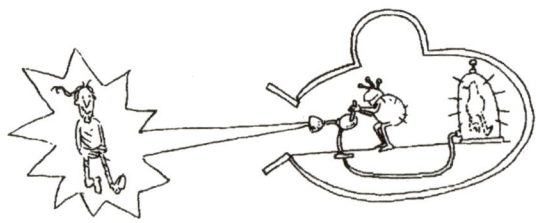

In dieser Geschichte splittet sich der psychologische Strom. Es gibt nun zwei Personen, die psychologisch genau meinem früheren Ich entsprechen: das Individuum auf der Erde, das friedlich weitergeht, und das Individuum, das soeben die Kapsel des Weltraumschiffs verlässt. Wo befindet sich mein Ich? Gemäß der Einstrom-Theorie ist keines der beiden Individuen ich. In dem Moment, als der Duplikator-Scanner abgefeuert wurde, ist das Original-Ich verschwunden und zwei neue Menschen sind entstanden. Weder die Person, die im Weltraum aus der Kapsel tritt, noch die Person, die am Ende der Straße ankommt, ist Stephen Law. Stephen Law gibt es *nicht mehr*.

Aber ist das nicht absurd? Wie können die Marsbewohner mir ein Ende setzen, indem sie einfach eine Kopie von mir anfertigen? Der Mann, der an der Straßenecke ankommt, bin doch immer noch *ich*, auch wenn die Marsianer inzwischen ungefragt eine Kopie von mir angefertigt haben. Doch genau das bestreitet die Einstrom-Theorie. Folglich muss auch diese Theorie falsch sein.

Hier noch ein weiterer Haken an der Einstrom-Theorie: Angenommen, diesmal kommt niemand am Ende der Straße an und biegt um die Ecke. Die Marsbewohner haben zwar ihren Duplikator-Scanner abgefeuert und eine Kopie von mir produziert, genau wie vorhin, nur dass ich diesmal, gerade als das Duplikat anfängt sich zu materialisiere, über den Randstein stolpere und ein vorbeifahrender Lastwagen mich überfährt, weil ich nicht aufgepasst habe.

Wo bin ich dann? Existiere ich noch? Gemäß der Einstrom-Theorie existiere ich weiter. Ich bin faktisch ins Raumschiff gebeamt worden. Denn in dieser Geschichte ist das spätere Individuum die psychologische Fortführung meines früheren Ichs: die Person, die an Bord des Raumschiffs aus der Kapsel kommt. Gemäß der Einstrom-Theorie ist die

Person an Bord des Raumschiffs also niemand anderer als ich.

Doch ist das nicht auch total absurd? Eigentlich bin ich ja tot. Die Tatsache, dass die Marsbewohner eine exakte Kopie von mir angefertigt haben, genau eine Sekunde, ehe der Lastwagen meinen Körper platt gefahren hat, ändert nichts an dieser Tatsache. Es mag in dem Raumschiff zwar eine Person geben, die *genauso ist wie ich*. Aber ich bin nicht wirklich diese Person.

Wie du siehst, ist auch die Einstrom-Theorie mit Vorsicht zu genießen, da sie zu recht absurd klingenden Schlussfolgerungen führt. Doch vielleicht kann man hier etwas Klarheit schaffen.

Eventuell aber auch nicht. Diese beiden letzten Geschichten mit dem Duplikator-Scanner beweisen vielleicht nur, dass es in Sachen »persönliche Identität« *nicht* so sehr darauf ankommt, einen bestimmten lebenden Körper zu haben. Vielleicht haben wir uns zu schnell von dem Gehirntausch und dem Gehirn-Scanner überzeugen lassen. Zu der ersten Geschichte mit dem Duplikator-Scanner kann man doch sagen, dass die Person, die am Ende der Straße ankommt, ich bin, weil es derselbe lebende Organismus ist, der auch mein Haus verlassen hat, oder? Es spielt keine Rolle, dass inzwischen irgendwo eine Kopie dieses lebenden Organismus erzeugt worden ist. Zu der zweiten Duplikator-Scanner-Geschichte könnte man vielleicht sagen, dass die Person in dem Raumschiff *nicht* ich bin, weil sie nicht denselben lebenden Organismus hat wie jene Person, die vorhin mein Haus verlassen hat. Leider gibt es diesen lebenden Organismus inzwischen nicht mehr: Er wurde von einem Lastwagen überfahren.

Wir sind also hin- und hergerissen und wissen nicht recht,

welcher inneren Stimme wir mehr Glauben schenken sollten. Die Beispiele mit dem Gehirntausch und dem Gehirn-
Scanner belegen einerseits, dass es für die persönliche Identität vollkommen irrelevant zu sein scheint, einen bestimmten Körper zu haben. Auf der anderen Seite spüren wir bei
den beiden Geschichten über den Duplikator-Scanner intui-
tiv, dass es in Bezug auf die persönliche Identität sehr wohl
von Bedeutung ist, einen bestimmten Körper zu haben.
Welcher dieser widersprüchlichen Eingebungen können
wir trauen? Ich muss zugeben: Ich weiß es leider nicht.
Auch bei der folgenden Science-Fiction-Geschichte geht es
um dieses Thema. Am Ende dieser Geschichte stehe ich vor
einem schrecklichen Dilemma. Die Entscheidung darüber,
was ich tun soll, überlasse ich dir.

Lebenslange Ferien?

Eines Tages kommen mich Blib und Blob besuchen. Sie bau-
en ihren Mars-Beamer (von dem schon die Rede war) in
meinem Zimmer auf und erklären mir, wie er funktioniert.
Um es mir zu demonstrieren, »beamen« sie Blib von der
Kapsel auf der einen Seite des Zimmers in die Kapsel auf
der anderen Seite und wieder zurück. »Siehst du?«, sagt
Blib danach zu mir. »Es ist völlig ungefährlich.«

Blib und Blob erzählen, dass sie solche Kapseln im ganzen
Universum stehen haben, an all ihren Lieblingsurlaubsor-

ten, und bieten mir an damit eine Tour durch das Weltall zu machen. Ich muss mich nur in die Kapsel stellen, meinen ersten Zielort angeben und auf den roten Knopf drücken.

Eine Wahnsinnschance, denke ich, stelle mich sofort in die Kapsel und wähle mein erstes Ziel aus – ein Raumschiff, das irgendwo zwischen den Ringen des Saturns kreuzt. Ich drücke auf den roten Knopf und schon bin ich dort! Anschließend verbringe ich mehrere Monate damit zu, zu allen möglichen exotischen Zielorten zu reisen. Es ist eine ungeheuer spannende Erfahrung und ich habe selten so viel Spaß gehabt.

Doch eines Tages, als ich auf einem herrlich einsamen Planeten irgendwo am anderen Ende unserer Galaxie am Strand liege, denke ich auf einmal intensiv über den Mars-»Beamer« nach.

Ein nagender Zweifel überfällt mich plötzlich. Ich spüre, dass ich kaum noch Lust habe, in die Kapsel zu steigen, die ich vor wenigen Stunden erst verlassen habe, einen neuen Zielort auszuwählen und auf den roten Knopf zu drücken. Denn ich bin mir nicht mehr sicher, ob es überhaupt ein Beamer ist. Blib und Blob mochten ja davon überzeugt gewesen sein, doch vielleicht haben sie sich getäuscht. Wer weiß, vielleicht *stirbt* ein Mensch ganz einfach, wenn er in die Kapsel tritt und auf den Knopf drückt. Denn jeder lebende Organismus, der sie betritt und den Knopf drückt, wird umgehend in Luft aufgelöst. Der Organismus, der im selben Moment an einem anderen Ort auftaucht, ist nur eine Kopie des Originals.

Plötzlich stehen mir alle Haare zu Berge. Wenn das stimmt, dann ist Stephen Law schon vor Monaten gestorben. In dem Moment, als er sich in die erste Kapsel gestellt und auf den roten Knopf gedrückt hatte, hatte er sich selbst umgebracht. Ich bin nicht mehr Stephen Law (obwohl ich das noch immer glaube). Ich bin nur noch jemand, der *genau* wie Stephen Law ist. Eigentlich existiere ich erst seit ein paar Stunden: seit der Zeit, als ich die Kapsel dort drüben verlassen hatte.

Was soll ich tun? Soll ich hier bleiben, mutterseelenallein,

als ein für alle Ewigkeit Gestrandeter irgendwo am anderen Ende der Galaxie? Oder soll ich in die Kapsel zurückgehen, meine Heimat anwählen und auf den roten Knopf drücken? Wenn ich das tue – wird die Person, die gleich darauf auf der Erde aus der Kapsel steigt, wirklich ich sein? Oder nur noch eine Kopie meiner selbst? Werde ich zur Erde zurückkehren? Oder werde ich sterben? Was meinst du?

4. Abenteuer | Ist es Unrecht, sich von Fleisch zu ernähren?

Die Geschichte von Errol, dem mutigen Forscher

Errol war ein Forscher. Er segelte über alle Weltmeere, um neue Länder zu entdecken.

Auf einer seiner Fahrten im Norden, unweit des Breitengrades, wo die Eisberge beginnen, entdeckte Errol eine kleine, hügelige, bewaldete Insel. Er beschloss seine Mannschaft auf dem Schiff zu lassen und sich allein mit einem kleinen Ruderboot ans Ufer zu wagen.

Natürlich nahm Errol etwas Proviant mit: Limonade und belegte Brote. Als es Abend wurde, hängte er seine Hängematte unweit des Ufers auf und legte sich schlafen.

Am nächsten Tag machte sich Errol auf die Wälder zu erforschen. Nach etwa einer Stunde stieß er auf die ersten Anzeichen menschlichen Lebens. Er entdeckte kleine Lichtungen mit verkohlten Stellen, die aussahen, als hätte man hier ein

Lagerfeuer gemacht. Errols Aufregung wuchs, weil er fest
damit rechnete, einen neuen Stamm zu entdecken.

Nach mehreren Stunden kam Errol zu einer größeren Lichtung. Und da, mitten auf der Lichtung, standen drei merkwürdig gekleidete Männer.

Die drei Fremden trugen dunkel-
rote Gewänder und sonderbare

rote Mützen, die aussahen wie auf dem Kopf stehende
Dreiecke. Sie standen nur schweigend da und musterten
den Ankömmling von Kopf bis Fuß. Errol hatte den Eindruck, als hätten sie auf ihn gewartet.

Errol hob eine Hand als Zeichen von Freundschaft. Daraufhin begannen die drei Fremden miteinander zu reden. Zu
seiner großen Überraschung stellte Errol fest, dass er verstand, was sie sagten, denn ihre Sprache war ähnlich wie
jene, die auf einer nahen Insel gesprochen wurde und die
Errol schon erlernt hatte.

Doch als es Errol dämmerte, was die drei Fremden vorhat-
ten, standen ihm plötzlich sämtliche Haare zu Berge.

»Er sieht groß und kräftig aus und müsste für uns alle reichen, findet ihr nicht auch?«, sagte der Erste.

»Stimmt, und was für stramme Muskeln er hat. Er schmeckt
bestimmt köstlich«, meinte der Zweite.

»Aber ich will das Hirn haben, wie immer. Hirn ist meine
Leibspeise.«

»Okay, du kannst es haben. Also, dann nichts wie los!«
Die drei Fremden waren *Kannibalen* – Menschenfresser.
Langsam kamen sie auf Errol zu. Erst da fiel dem entsetzten
Errol auf, dass sie Keulen, Messer und Seile bei sich trugen.
Er versuchte wegzulaufen, doch sie waren schneller als er.
Und als er wieder zu sich kam, hing er nackt und gefesselt
wie ein Truthahn an einem langen Stock. Holz und An-
zündmaterial lagen schon bereit.

Es sah ganz danach aus,
als wollten diese Frem-
den ihn wie ein Wild-
schwein braten.

Verzweifelt drehte
Errol den Kopf, um
zu sehen, wo er sich
befand. Er sah, dass er in
einem großen Raum war.
Um ihn herum standen nun mehrere dieser merkwürdig
gekleideten Menschen. Schweigend starrten sie ihn an. Eini-
ge leckten sich schon erwartungsvoll die Lippen.
Auf einmal trat eine Frau einen Schritt vor. In der Hand
hielt sie ein großes Messer.
»Warte!«, rief Errol.
Alle schnappten nach Luft. Offenbar hatten sie nicht damit
gerechnet, dass Errol ihre Sprache kannte.
»Bitte, ihr dürft mich nicht fressen!«, flehte Errol sie an.
»Und warum nicht?«, fragte die Frau mit dem Messer.
»Das wäre Unrecht. Versteht ihr das denn nicht?«, sagte
Errol.
»Nein, das verstehe ich nicht. Warum wäre es Unrecht?«
»Ihr seid nicht darauf angewiesen, mich zu fressen, oder?
Ihr seht allesamt gut genährt aus. Ihr habt bestimmt genü-

gend andere Dinge zu essen, Wurzeln, Getreide, Vögel oder sonst etwas . . .«

Die Frau schien erstaunt zu sein. »Aber wir mögen Menschenfleisch. Es schmeckt lecker. Warum sollten wir es also nicht essen?«

»Wenn das so ist, dann fresst euch doch gegenseitig auf!«

»Aber keiner von uns hat Lust, zu sterben. Deshalb ist es besser, wenn wir dich verspeisen, einen Fremden.«

»Ich will aber auch nicht sterben! Ich bin ein Lebewesen! Ich hänge an meinem Leben. Begreift das doch bitte! Es wäre falsch von euch, mir mein Leben zu nehmen, nur damit ihr mein Fleisch essen könnt!«

Einige der Anwesenden nickten.

»Vielleicht hat er ja Recht«, murmelte einer von ihnen.

Errol hoffte die Kannibalen davon überzeugen zu können, ihn zu verschonen. Doch dann bückte sich die Frau mit dem Messer. Sie griff in Errols Rucksack und zog die Limoflasche und eine braune Papiertüte heraus. Aus dieser Tüte fiel ein halb aufgegessenes Brötchen.

»Und was ist das?«, fragte sie mit strenger Stimme.

»Das . . . das ist mein Mittagessen.«

»Was ist es genau?«

»Ein Brötchen, belegt mit Rinderhack.«

»Rinderhack besteht aus dem Fleisch eines Lebewesens, richtig?«

»Hm, ja . . . ich denke schon.«

»Es war ein Lebewesen, ein Lebewesen, das auch gern gelebt hat. Es wollte nicht sterben. Und doch wurde es getötet, nur damit du sein Fleisch essen kannst.«

Errol begriff, worauf sie hinauswollte.

»Ja, aber eine Kuh ist doch nur ein *Tier*. Tiere darf man schlachten und essen. Menschen nicht. Menschen sind etwas anderes.«

»Menschen sind auch Tiere. Warum sollte es Unrecht sein, menschliche Lebewesen zu essen, wenn es *kein* Unrecht ist, nicht-menschliche Lebewesen zu essen?«

Errol wusste nicht so recht, wie er auf die Frage der Kannibalin reagieren sollte.

»Es ist eben so. Begreift ihr das denn nicht?«

Doch die anwesenden Kannibalen konnten es nicht begreifen. »Nein, das verstehen wir nicht. Erklär es uns!«

Was Errol in dieser Situation gebraucht hätte, wäre ein guter *Grund* gewesen, der erklärt hätte, warum es okay ist, ein Rind zu schlachten und zu essen, jedoch nicht okay, einen Menschen zu schlachten und zu essen.

Und weißt du, was? Errol fiel beim besten Willen kein guter Grund ein. Deshalb wurde er geschlachtet und gebraten. Und anschließend aufgegessen. Nachdem die Kannibalen Errol verspeist hatten, durchsuchten sie seine Habseligkeiten und entdeckten eine Packung leckerer, mit Schokolade überzogener Pfefferminztaler. Sie saßen noch lange im Kreis zusammen, ließen sich die Pfefferminztaler schmecken und unterhielten sich angeregt.

Die große Frage

Die Frage, die Errol von den Kannibalen gestellt bekam, lautete: Warum ist es Unrecht, menschliche Lebewesen zu töten und zu essen, jedoch kein Unrecht, nicht-menschliche Lebewesen zu töten und zu essen?

Natürlich sind viele Menschen derselben Meinung wie Errol: Sie halten es für Unrecht, andere Menschen zu töten und zu verspeisen, haben jedoch nichts dagegen, Tiere zu töten und zu essen.

Es gibt aber auch viele Menschen, die der Ansicht sind, dass es Unrecht ist, nicht-menschliche Lebewesen zu töten und zu essen, wenn man auch keine anderen Menschen töten und essen darf. Sie sagen, dass es *immer* Unrecht ist, ein Tier zu schlachten, nur damit wir sein Fleisch essen können – egal, um was für ein Tier es sich handelt.

Ich selbst esse Fleisch. Aber ist das auch richtig? Oder tue ich etwas, das moralisch falsch ist? Wenn ich der Ansicht bin, dass man keine Menschen töten und essen soll (und das ist tatsächlich der Fall), sehr wohl aber nicht-menschliche Lebewesen schlachten darf, dann mache ich ganz offensichtlich einen Unterschied zwischen menschlichen und nicht-menschlichen Lebewesen, der es rechtfertigt, sie so unterschiedlich zu behandeln.

Doch worin besteht dieser Unterschied? Das ist unsere große Frage in diesem Kapitel. Und es ist genau die Frage, auf die Errol keine Antwort einfiel.

Vegetarier

Wie schon gesagt, gibt es viele Menschen, die es kategorisch ablehnen, Tiere zu töten, nur um sie zu verspeisen. Diese Leute sind meist *Vegetarier*. Sie ernähren sich ausschließlich von Gemüse, Obst, Nüssen, Getreide und Ähnlichem sowie einigen tierischen Produkten wie Milch, Käse und Eiern.

Andere gehen noch weiter: Sie lehnen alle tierischen Erzeugnisse ab. Sie tragen nicht einmal Lederschuhe. Diese Leute nennt man *Veganer*.

Weitere Gründe dafür, Vegetarier zu sein

Nicht *alle* Vegetarier verzichten auf den Verzehr von Fleisch, weil sie es für moralisch verwerflich halten, Tiere zu töten, nur um in den Genuss ihres Fleisches zu kommen. Es gibt jedoch noch weitere Gründe, warum Menschen zu Vegetariern werden.

Hier ein paar dieser Gründe. Viele Leute glauben, dass es auf Hühnerfarmen so aussieht:

Dabei wachsen die meisten Hühner, die wir essen, unter solchen Umständen heran:

Man spricht hier von *Massentierhaltung*, weil die Tiere in riesigen Mengen gezüchtet werden, ähnlich wie in Fabriken, wo am Fließband Autos gebaut werden.

Hühner, die auf einer solchen Farm aufwachsen, sehen niemals den blauen Himmel oder einen Baum. Sie sehen nichts als tausende anderer Hühner, die mit ihnen zusammen eingepfercht sind.

Viele Vegetarier finden das sehr grausam und lehnen es ab, andere Lebewesen derart zu behandeln. Auch die Massenhaltung von Tieren ist ihrer Meinung nach grausam und brutal.

Dies ist ein weiterer Grund, den viele Vegetarier nennen, wenn man sie fragt, warum sie kein Fleisch essen. Sie finden es nicht nur falsch, Tiere ihres Fleisches wegen zu schlachten, sie lehnen es zudem auch vehement ab, sie auf diese gefühllose und barbarische Weise zu züchten, wie es heute üblich ist.

Allerdings wollen wir uns in diesem Kapitel auf die Frage beschränken: *Ist es moralisches Unrecht, ein Tier seines Fleisches wegen zu schlachten?* Leute, die sich auf diesen Standpunkt berufen, nenne ich »moralische« Vegetarier. Befassen wir uns nun etwas näher damit, welche Punkte die »moralischen« Vegetarier ablehnen und welche nicht.

Fallbeispiel: Zoe, die Jägerin

Ein Großteil des Fleisches, das wir essen, stammt von Bauernhöfen und aus Massentierhaltungsbetrieben. Doch es gibt auch ein paar Ausnahmen.

Hier siehst du Zoe, eine geschickte Jägerin. Sie lebt in den Wäldern.

Zoe isst nur das Fleisch von Wild, das sie selbst erlegt hat. Wild gibt es zuhauf in den Wäldern, in denen sie lebt. Zoe legt Wert darauf, ihre Beute

97

sauber und schmerzlos zu töten. Und sie erlegt nur ausgewachsene Tiere, die schon ein recht langes, angenehmes Leben hinter sich haben.

Tut Zoe etwas Unrechtes?
Es stimmt, das Wild, das Zoe isst, wurde nicht auf so grausame, barbarische Weise gezüchtet, wie es in Massentierhaltungsbetrieben der Fall ist. Folglich gäbe es keinen triftigen moralischen Grund, sie nicht zu töten.
Ein »moralischer« Vegetarier würde dennoch behaupten, dass Zoe etwas Unmoralisches tut. Er würde sagen, dass es grundsätzlich Unrecht ist, ein anderes Lebewesen, das in der Lage ist, sein Leben zu genießen, absichtlich zu töten – nur um in den Genuss seines Fleisches zu kommen.

Fallbeispiel: Harrys Zusammenstoß

Wie steht es hiermit? Harry ist ein umsichtiger Autofahrer. Doch eines Nachts hat er auf dem Nachhauseweg einen Unfall. Ein Reh läuft ihm vor das Auto. Er konnte beim besten Willen nicht mehr rechtzeitig bremsen.
Darf Harry das Fleisch dieses Rehs nun guten Gewissens essen? Schließlich hatte er nicht gewollt, dass das Tier zu Tode kam.

Nun, die Vegetarier, die das Fleischessen nur ablehnen, wenn man ein Tier absichtlich tötet, hätten nichts dagegen. Sie würden es zwar bedauern, dass das Tier ums Leben kam, könnten aber nicht behaupten, dass Harry etwas Unmoralisches getan hat. Der springende Punkt ist der, dass Harry das Reh nicht *absichtlich* getötet hat. Das Ganze war ein bedauerlicher Unfall.

Wir sollten uns also vor Augen halten, dass »moralische« Vegetarier nicht sagen, es sei *grundsätzlich* unmoralisch, Fleisch zu essen.

Fallbeispiel: Die Flugzeugabsturz-Kannibalen

Es gibt ein Lebewesen, von dem wir ziemlich alle überzeugt sind, dass man es nicht seines Fleisches wegen töten sollte: das Lebewesen der Spezies Mensch. So gut wie niemand hält es für moralisch vertretbar, andere Menschen zu töten, um sie aufzuessen (mit Ausnahme der Kannibalen natürlich, denen der arme Errol in die Hände fiel).

Allerdings denke ich, dass die meisten von uns es in Ordnung fänden, Menschenfleisch zu essen, wenn dieser Mensch zufällig ums Leben kam und wenn man vor der Frage stünde, es zu essen oder selbst zu verhungern. Solche Fälle passieren tatsächlich.

Vor einigen Jahren kam es hoch in den Anden zu einem Flugzeugabsturz.

Die Überlebenden fanden sich auf einem hohen Berg inmitten von Schnee und Eis wieder, meilenweit entfernt von jeder Zivilisation. Vergeblich warteten sie auf Rettung. Nach einigen Tagen gingen ihre spärlichen Vorräte zur Neige. Hunger überfiel sie. Wenn sie nicht bald etwas zu essen bekämen, würden sie alle sterben.

Da begannen die Überlebenden damit, die beim Flugzeugabsturz ums Leben gekommenen Menschen aufzuessen. Nur so konnten sie selbst am Leben bleiben. Dass sie das tun mussten, fanden sie natürlich entsetzlich. Doch ich denke nicht, dass es moralisch falsch war. Und natürlich dürften auch die »moralischen« Vegetarier keine Einwände haben.

Bisher haben wir uns auf die Kannibalen-Frage beschränkt: Warum ist es Unrecht, Menschen ihres Fleisches wegen zu töten und zu essen, nicht aber, nicht-menschliche Lebewesen aus demselben Grund zu töten? Wir sind auch auf den Standpunkt der »moralischen« Vegetarier eingegangen, die behaupten, dass man kein Lebewesen absichtlich töten darf, nur um es aufzuessen.

Haben die »moralischen« Vegetarier Recht? Ich bin mir nicht sicher. Aber ich muss zugeben: Ich finde es sehr schwierig, zu erklären, warum es moralisch gesehen *kein* Unrecht ist, nicht-menschliche Lebewesen zu töten und zu essen, wenn es Unrecht ist, mit Menschen dasselbe zu tun.

Beschäftigen wir uns nun mit einigen der Argumente, die die Fleischesser vorbringen.

Die Diskussion im Restaurant

Neulich war ich mit zwei Freundin-
nen, Aisha und Carol,
in einem
Restaurant.
Carol aß ei-
nen Burger.
Zwischen
Carol und
Aisha kam
es zu einer
Diskussion über das Fleischessen.
So verlief ihr Gespräch:

Carol: Hmmm! Mein Burger schmeckt köstlich!

Aisha: Wie kannst du so etwas sagen! Das Fleisch stammt von ei-
nem Lebewesen. Und es wurde nur geschlachtet, damit du sein
Muskelfleisch und andere Teile schön zerhackt und gegrillt ge-
nießen kannst. Was für eine Schande!

Carol: Entschuldige, aber ich mag Fleisch. Warum sollte ich dann
keines essen?

Aisha: Weil es Unrecht ist, Carol. Man darf kein Lebewesen töten,
nur weil man Lust auf sein Fleisch hat. Du hättest einen Gemü-
seburger bestellen sollen wie ich. Der schmeckt genauso gut.

Carol: Nein, tut er nicht! Gemüseburger sind matschig und
schmecken fade. Mir ist etwas Handfestes lieber.

Schweigend aß Carol ihren Burger weiter. Aisha beobachtete sie missbilligend.
Nach einer Weile hatte Carol Aishas
vorwurfsvolle Blicke satt und begann
ihren Standpunkt zu verteidigen.

101

Carols erstes Argument:
Es ist okay, Fleisch zu essen, weil es fast alle tun.

Sie sagte:

Carol: Hör mal, Aisha, die meisten Leute denken wie ich, nicht wie du. Sie finden nichts Schlechtes daran, Fleisch zu essen. Sie haben auch kein schlechtes Gewissen dabei. Wenn es moralische Einwände gegen das Fleischessen gäbe, dann müsste ja alle Welt mit einem schlechtes Gewissen herumrennen, oder? Folglich kann es auch nichts Unrechtes sein.

Aisha war nicht davon überzeugt.

Aisha: Ich weiß, dass die meisten Menschen in unserem Land keine Skrupel haben, Tiere zu schlachten und ihr Fleisch zu essen. Aber dass sie in der Mehrheit sind, bedeutet noch lange nicht, dass sie deshalb auch im Recht sind. Es ist noch gar nicht lange her, dass die Mehrheit in vielen Ländern der Ansicht war, Sklaverei wäre moralisch in Ordnung. Man hielt gewisse Rassen für minderwertig und glaubte sich deshalb im Recht, Angehörige dieser Rassen als Sklaven auszubeuten. Heutzutage sehen wir ein, dass die Sklaverei etwas Unrechtes ist. Die Mehrheit war damals auf dem Holzweg. Folglich kann die Mehrheit heute sich durchaus irren, was das Fleischessen betrifft.

Ich persönlich gebe Aisha Recht. Dass die meisten Menschen heute das Töten von Tieren in Ordnung finden, bedeutet noch lange nicht, dass es auch tatsächlich in Ordnung ist. Vielleicht wird die Menschheit – in sagen wir ein- oder zweihundert Jahren – entsetzt sein, wenn sie hört, wie wir in unserer Zeit mit Tieren umgegangen sind, genau wie wir heute entsetzt über die Sklaverei vergangener Tage sind. Vielleicht kommt die Mehrheit dann zu dem Schluss, dass das Verhalten, das wir heute an den Tag legen, absolut nicht richtig war.

Carols zweites Argument:
Fleisch essen ist natürlich.

Carol gab noch nicht auf. Sie brachte ein zweites Argument für den Verzehr von Fleisch auf den Tisch.

Carol: Hör mal, Aisha, wir Menschen sind von Natur aus Fleischfresser. Schon von unserer Anlage her.

Carol öffnete den Mund und deutete auf die zwei spitzen Zähne seitlich in ihrem Mund.

Carol: Siehst du diese beiden Zähne hier?
Das sind Eckzähne. Du hast auch welche.
Alle Fleisch fressenden Tiere haben welche.
Das bedeutet, dass wir von Natur aus Fleischesser sind. Folglich tue ich etwas ganz Natürliches.

Doch das war für Aisha kein Grund, nicht trotzdem Vegetarier zu sein.

Aisha: Na und? Was soll's, wenn wir von Natur aus Fleischfresser sind? Deshalb ist es noch lange nicht richtig, oder? Vieles, was wir natürlich finden, kann moralisch falsch sein. Was ist mit Kriegführen und Einander-Umbringen? Auch dieses Verhalten überkommt uns Menschen manchmal. Aber deshalb ist es moralisch noch lange nicht in Ordnung. Wir sind nicht darauf angewiesen, Fleisch zu essen. Wir können uns ohne weiteres auch fleischlos ernähren. Deshalb finde ich, wir sollten auf Fleisch verzichten. Alles andere ist unmoralisch.

Wieder finde ich, dass Aisha Recht hat: Nur weil die Natur uns als Fleischesser konzipiert hat, ist es noch lange nicht moralisch vertretbar.

Manche Leute würden vielleicht sagen, dass es nicht nur natürlich ist, dass Menschen Fleisch essen, sondern außerdem, dass es *ungesund* ist, es nicht zu tun. Unser Körper brauche Fleisch, um gesund zu bleiben. Doch das steht nicht hundertprozentig fest. Es gibt Millionen von Vegetariern auf diesem Planeten. Jainisten, Buddhisten und Hindus essen kein Fleisch und doch sehen sie recht gesund und munter aus.

Auch wenn es stimmen sollte, dass wir Fleisch benötigen, um in Hochform zu bleiben, braucht unser Körper sicherlich nicht diese Unmengen von Fleisch, wie wir heutzutage zu uns nehmen. Und selbst wenn Fleischverzehr unserer Gesundheit zuträglich wäre, heißt das nicht, dass wir es unbedingt essen *müssen*. Wir könnten auch Ersatznahrung herstellen, zum Beispiel Tabletten, die alles enthalten, was dem Körper infolge des Fleischverzichts fehlt. Und wenn man solche Tabletten nicht herstellen könnte, würde dies das Fleischessen nicht unbedingt moralisch vertretbar machen. Wir müssen uns dann eben damit abfinden, ein kleines bisschen weniger gesund zu sein als mit Fleisch. Vielleicht ist das der Preis, den wir dafür bezahlen müssen, das Richtige zu tun.

Aber wie ich schon sagte: Es ist keineswegs bewiesen, dass Vegetarier ungesünder leben als Fleischesser.

Carols drittes Argument:
Tiere werden extra zum Schlachten gezüchtet.

Carol saß schweigend da und kaute. Sie hatte kein bisschen das Gefühl, etwas Unrechtes zu tun. Deshalb versuchte sie es mit einem weiteren Argument.

Carol: Okay, Aisha, es geht dir darum, dass das Fleisch von einem Lebewesen stammt, richtig?

Aisha: Ja. Ich bin der Ansicht, dass wir kein Recht haben, ein Lebewesen, das an seinem Leben hängt, absichtlich zu töten, nur um es zu verspeisen.

Carol: Aber die meisten Tiere werden doch extra gezüchtet, um später geschlachtet zu werden. Sie sind überhaupt nur am Leben, weil wir sie eigens gezüchtet haben.

Aisha: Da hast du Recht, nehme ich an.

Carol: Uns Fleischessern verdankte dieses Tier, das ich hier esse, sein Leben. Wir haben ihm also sozusagen einen Gefallen getan. Stimmt, sein Leben fand ein vorzeitiges Ende, weil es für den Verzehr bestimmt war. Aber es hätte nie gelebt, wenn wir kein Fleisch essen würden. Alles in allem genommen, ist es positiv und nicht negativ, Tiere zum Schlachten zu züchten.

Aisha: Nein, das stimmt nicht. Nehmen wir einmal an, es gäbe Marsbewohner, Farmer, die Menschen züchteten. Diese Marsbewohner wären recht umsichtige Farmer. Sie züchteten Menschen auf einem Planeten – dem Planeten Erde –, wo diese menschlichen Tiere ein schönes, erfülltes Leben hätten. Genau wie die Kühe auf unseren Feldern wäre uns gar nicht bewusst, dass wir nur gezüchtet sind.

Carol: Moment mal! Warum sollten deine Marsbewohner Menschen züchten?

Aisha: Weil sie unser Fleisch mögen! Du weißt doch, dass manche Menschen einfach spurlos verschwinden. Vielleicht werden sie von Marsbewohnern entführt . . . und aufgefressen. Die Marsbewohner kommen ab und zu in ihren fliegenden Untertassen vor-

bei, um ihre Fleischvorräte aufzustocken, genau wie wir im Supermarkt Fleisch kaufen.

Es gibt nichts, was einem Marsbewohner mehr Freude macht, als am Ende eines langen Arbeitstages einen hübschen, saftigen Humanburger zu verputzen.

Carol: Igitt! Wie entsetzlich! Also, wirklich, Aisha, hättest du nicht wenigstens warten können, bis ich zu Ende gegessen habe?

Aisha: Das findest du widerlich, nicht wahr?

Carol: Natürlich!

Aisha: Na, dann schau dich doch mal an! Du verspeist gerade ein armes Tier, das nur gezüchtet wurde, damit du einen leckeren Burger essen kannst. Wieso sollte das weniger widerlich sein? Für mich ist es genau dasselbe!

Carol: Nein, ist es aber nicht.

Aisha: Du hast behauptet, es sei okay, Tiere zu essen, weil sie eigens dafür gezüchtet wurden. Nun, in meiner kleinen Geschichte züchten uns die Marsbewohner aus genau demselben Grund. Wieso stört es dich dann, dass sie uns aufessen?

Carols viertes Argument:
Tiere sind dumm.

Carol: Okay, ich gebe zu, dass die Tatsache an sich, dass wir die Tiere nur zum Schlachten züchten, das Fleischessen nicht automatisch rechtfertigt. Aber Tiere sind anders als wir. Sie haben keinen Verstand und keine Gefühle. Sie wissen nicht, was richtig und was falsch ist. Das gibt uns das Recht, sie zu töten und aufzuessen.

Was hältst du von diesem Argument? Gibt uns die Tatsache, dass Tiere weniger intelligent, uns gefühlsmäßig unterlegen sind und nicht zwischen richtig und falsch unterscheiden können, das Recht, sie aufzuessen? Aisha war jedenfalls nicht dieser Meinung.

Aisha: Aha, du findest es also gerechtfertigt, alles zu essen, was weniger intelligent ist als wir? Wir dürfen also Lebewesen verspeisen, nur weil diese uns gefühlsmäßig unterlegen sind?

Carol: Richtig.

Aisha: Gut, dann nehmen wir mal an, dass plötzlich infolge irgendeiner Krankheit etliche Babys zur Welt kommen, die anders sind als wir. Sie sind weniger intelligent. Sie sind höchstens so intelligent wie – nehmen wir ein recht intelligentes Tier – ein Schwein meinetwegen. Sie können nicht sprechen. Doch genau wie Schweine können sie glücklich oder traurig sein, aufgeregt oder ruhig und so weiter. Doch sie empfinden keine so hoch stehenden Gefühle wie zum Beispiel Stolz auf einen neuen Job. Sie wissen nicht einmal, was ein Job ist. Genauso wenig haben sie ein Empfinden dafür, was richtig und was falsch ist.

Carol: Die Armen . . .

Aisha: Oh, du brauchst kein Mitleid mit ihnen zu haben. Diese Babys sind völlig gesunde, zufriedene Geschöpfe. Sie können lange und glücklich leben. Doch wie sollten wir deiner Meinung nach mit solchen Lebewesen umgehen?

Carol: Unsere Gesellschaft würde sich sicher gut um sie kümmern. Wahrscheinlich würden Sozialarbeiter dafür sorgen, dass es ihnen gut geht.

Aisha: Aber warum sollten wir sie nicht einfach töten und aufessen? Nach dem, was du gesagt hast, ist es okay, Tiere zu schlachten, weil sie wenig intelligent und uns unterlegen sind. Doch das sind diese Menschen in meiner Geschichte auch. Warum sollten wir sie dann nicht schlachten?

Schon bei dem Gedanken daran, andere Menschen aufzuessen, wurde es Carol übel. Doch nicht nur das: Sie sah auch ein, dass es moralisch sehr verwerflich wäre, diese Menschen zu töten.

Es fiel Carol zunehmend schwerer, zu erklären, warum es moralisch falsch wäre, diese Menschen zu töten und aufzu-

essen, nicht aber die Tiere, die wir tagtäglich verspeisen. Denn die Menschen in Aishas Geschichte waren Tieren in Sachen Verstand und Gefühl kein bisschen überlegen.

Carol: Hör mal, Aisha. Es ist eine Tatsache, dass wir Menschen über den Tieren stehen. Unsere Bedürfnisse und Wünsche haben Vorrang. So ist es eben. Menschen sind wichtiger als Tiere.

Aisha: Wieso denn das, Carol? Du hast mir keinen einzigen guten Grund genannt, warum sie nicht dieselbe moralische Rücksicht verdienen wie wir Menschen. Und wenn du nicht erklären kannst, warum sie nicht dieselbe Behandlung verdient haben, ist deine Behauptung nur ein Vorurteil. Ich habe den Eindruck, dass du nicht-menschlichen Geschöpfen gegenüber genau dieselben Vorurteile hast wie manche Leute gegenüber Frauen oder Menschen anderer Rassen.

Carol wand sich innerlich. Der Gedanke, Vorurteile zu haben, behagte ihr ganz und gar nicht.

Aisha: Und in jedem Fall – selbst wenn es stimmen würde, dass wir Menschen wichtiger sind, gibt uns das noch lange nicht das Recht, andere Lebewesen zu töten und aufzuessen. Es bedeutet nicht, dass wir das Recht haben, ganz nach Lust und Laune mit ihnen umzugehen. Es bedeutet nicht, dass es moralisch okay ist, sie zu schlachten, nur weil wir auf ihr Fleisch scharf sind.

Nun bekam Carol Gewissensbisse. Ich übrigens auch. Denn ich hatte vorhin auch einen Hamburger gegessen. Ich bekam ein schlechtes Gewissen. Genau wie Carol habe ich noch nie groß darüber nachgedacht, ob das Fleischessen moralisch richtig ist. Ich hatte das vage Gefühl, dass Aisha mit ihrer Behauptung, Fleisch zu essen wäre unmoralisch,

nicht ganz im Recht war. Doch mir war nicht ganz klar, was
an ihren Argumenten nicht stimmte.

Haustiere

Ich musste an Haustiere denken.
Carol hat einen Hund, einen sehr sü-
ßen Hund namens Tigger.

Nun ist ein Hund ein Tier wie jedes andere. Trotzdem wäre
Carol maßlos entsetzt, wenn ihr jemand vorschlagen würde
Tigger zu töten und aufzuessen. Carol hat schon einiges
Geld in ihren Tigger investiert. Einmal verschluckte er die
Plastikkappe eines Kugelschreibers, die ihm im Hals stecken blieb. Der Tierarzt hat ihn wieder davon befreit. Doch
die Operation hat eine hübsche Stange Geld gekostet. Tig-
gers Tod wäre schlimm gewesen für Carol. Aisha und ich
waren während der Operation bei ihr, um sie zu trösten.
Zum Glück hat der gute Tigger überlebt und es ging ihm
bald wieder bestens.

Zugegeben, ein Hund ist ein sehr intelligentes, empfindsa-
mes Wesen. Aber offensichtlich nicht intelligenter und
empfindsamer als ein Schwein. Zumindest behaupten das
Freunde von mir, die Schweine halten. Schweine scheinen
sehr aufgeweckte, anhängliche Tiere zu sein. Manche
Schweinearten eignen sich sogar als Haustiere.

In einigen Ländern, in China zum Beispiel, werden Hunde
gegessen. Dort steht Hundefleisch auf der Speisekarte genau wie bei uns Schweinefleisch. Und warum auch nicht?
Zwischen Hunden und Schweinen besteht kein Unterschied, abgesehen davon, dass wir Hunde einfach niedli-
cher finden.

Ich musste unwillkürlich daran denken, wie Carol reagieren würde, wenn jemand ihr mitteilen würde, ihr Tigger wäre gerade gebraten worden. Carol wäre garantiert der Meinung, dass es unmoralisch wäre, Tigger zu töten und zu verspeisen. Doch warum sollte es dann kein Unrecht sein, das Rind zu schlachten und zu essen, das sie soeben mit Hochgenuss verzehrt hatte?

Allerdings verkniff ich es mir, Carol zu fragen, ob es sie stören würde, wenn jemand ihren Tigger schlachten würde.

Carols fünftes Argument:
Tiere fressen andere Tiere.

Carol, Aisha und ich bestellten uns je einen Eisbecher. Während wir das Eis genüsslich löffelten, machte Carol einen weiteren Versuch, ihre Meinung zu verteidigen.

Carol: Tiere fressen einander doch auch auf, oder? Katzen fressen Mäuse und Vögel. Tiger fressen Gazellen, Füchse Hühner. Wenn die Tiere einander auffressen, warum sollten wir sie dann nicht auch aufessen?

Aisha: Tiere folgen ihrem Instinkt. Sie wissen nicht, was richtig und was falsch ist. Sie kennen keine moralischen Begriffe. Deshalb kann man sie für ihr Tun nicht verantwortlich machen, genauso wenig wie ein neugeborenes Baby. Doch wir erwachsenen Menschen können sehr wohl moralisch verantwortlich gemacht werden. Es ist Unrecht, Fleisch zu essen. Sobald wir das einmal eingesehen haben, können wir damit aufhören. Und wenn wir es nicht tun, sind wir schlechte Menschen.

Ich muss zugeben, dass ich inzwischen ziemlich heftige Schuldgefühle hatte, weil ich Fleisch gegessen hatte. Carol offensichtlich auch. Aber müssen wir uns wirklich schuldig fühlen? Hatte Aisha das Recht, uns derart anzugreifen? Ich

111

weiß es nicht. Aber ich muss zugeben, dass ihre Argumente ziemlich überzeugend klangen.

Wie hätten Carol und ich uns verteidigen können? Warum ist es okay, nicht-menschliche Lebewesen zu töten und aufzuessen, nicht aber Menschen?

Es kommt auf die Spezies an

Einige Leute behaupten, dass es bei der Frage, ob es moralisch akzeptabel ist, ein Lebewesen zu töten, auf die *Spezies* – die Art – ankommt, zu der das betreffende Lebewesen gehört. Vertreter der Spezies Mensch dürfe man nicht essen, Vertreter der Spezies Tier jedoch schon.

Doch *warum* ist es falsch, Mitglieder der Spezies Mensch zu verspeisen, nicht aber andere Spezies? Ist das nicht etwa einfach nur ein Vorurteil? Oder kann man diese Überzeugung untermauern?

Manche versuchen es damit, indem sie sagen, der Mensch als *Spezies* sei intelligenter und der Spezies Tier emotional überlegen. Und selbst wenn ein paar besondere Menschen zufällig weniger intelligent oder uns gefühlsmäßig unterlegen sind (wie die Babys in Aishas Geschichte), wäre es immer noch Unrecht, diese zu verspeisen, weil sie immer noch zur Spezies Mensch gehörten, die insgesamt als Spezies eben intelligenter und den Tieren gefühlsmäßig überlegen sei. Ein Schwein hingegen gilt als relativ dumme und unterlegene Spezies. Folglich darf man Schweine töten.

Mit dieser Ansicht kann ich mich auch nicht so recht anfreunden. Einen meiner Zweifel möchte ich am Fall des klugen Schweins darstellen.

Fallbeispiel: Das kluge Schwein

Nehmen wir an, es gäbe ein spre-
chendes Schwein wie jenes in dem
Film *Ein Schweinchen namens Babe*.
Klar, ich weiß natürlich, dass es keine sprechenden Schweine gibt. Doch
nehmen wir einmal an, durch ein Wunder
käme ein solches Schwein zur Welt.

Dieses Schwein ist absolut einmalig.
Es ist unglaublich intelligent, intelligenter als die meisten Menschen.
Außerdem ist es aller Emotionen
fähig, zu denen wir Menschen fähig sind. Es nimmt an philosophischen Diskussionen über moralische Themen teil. Es schreibt Ge-
dichte und erzählt gute Witze.

Es liest Shakespeare und ist ein großer Theaterfan. Es wird
auch zu Partys eingeladen.

Wäre es moralisch vertretbar, dieses Schwein zu töten und zu essen? Wir haben bisher noch keinen einzigen Grund gehört, der dagegen spräche. Denn es gehört zu einer Spezies, deren *normale* Vertreter recht einfältig und dumm sind, verglichen mit uns Menschen. Es gehört nämlich eindeutig zur Spezies Schwein.

Dennoch wäre es sicher falsch, dieses besondere Schwein zu schlachten. Obwohl es zwar kein Mensch ist, kommt es mir fast so vor, als wäre dieses Schwein eine *Person.* Und es wäre mit Sicherheit ein Unrecht, eine Person zu töten und zu verspeisen.

Das ist also meine Befürchtung. Wenn es moralisch okay ist, Tiere zu essen, die zu einer Spezies gehören, deren normale Mitglieder eher dumm und einfältig sind, dann müsste es moralisch vertretbar sein, dieses Schwein zu töten und aufzuessen. Aber ganz offensichtlich wäre das im Fall dieses speziellen Schweins moralisch *nicht* vertretbar.

Sind wir intolerant?

Einige Philosophen behaupten, viele von uns machten sich der *Arten-Diskriminierung* schuldig. Artendiskrimierung ist in etwa dasselbe wie sexuelle Diskriminierung (Sexismus) oder Rassendiskriminierung (Rassismus). Es ist immer ein Beispiel für Intoleranz, denn es beruht auf ungerechtfertigten Vorurteilen gegenüber allen, die anders sind.

Wir diskriminieren die Spezies Tier in vielerlei Hinsicht: Zum einen, indem wir es für moralisch vertretbar halten, sie zu töten und zu verspeisen, nur weil sie einer anderen Spezies angehören als wir. Das käme uns bei Vertretern unserer eigenen Spezies nicht in den Sinn.

Doch es gibt keine plausible Rechtfertigung dafür, die Tierwelt auf diese Art und Weise zu diskriminieren.

Diskriminierung ist grundsätzlich unfair und unmoralisch. Artendiskriminierung ist moralisch gesehen genauso inakzeptabel wie Sexismus oder Rassismus. So wie wir heute einsehen, dass Sexismus und Rassismus falsch sind, werden wir eines schönen Tages hoffentlich auch einsehen, dass Artendiskriminierung nicht minder verwerflich ist.

Das behaupten zumindest einige Philosophen. Aber haben sie auch Recht? Was meinst du?

Die Ausrede: »Das ist doch völlig unbedeutend«

Einige Leute behaupten, dass »moralische« Vegetarier viel Lärm um nichts machen. Werfen wir einen Blick auf die Welt. Täglich werden irgendwo Menschen gefoltert und umgebracht. Kinder werden gezwungen unter erschreckenden Bedingungen viele Stunden pro Tag hart zu arbeiten – und das für ein paar Cent. Viele leiden Hunger. Es gibt so viele schlimme moralische Ungerechtigkeiten, die geradezu danach schreien, dass wir auf sie aufmerksam werden. Selbst wenn wir zugeben, dass es moralisch falsch ist, andere Tiere zu töten, um uns an ihrem Fleisch zu ergötzen, dann ist das nur ein Missstand unter vielen anderen. Ist es deshalb nicht ziemlich engstirnig von den »moralischen« Vegetariern, sich nur auf diesen einen Punkt zu versteifen?

Meiner Meinung nach ist das ein recht armseliges Argument gegen den »moralischen« Vegetarismus. Viele dieser Vegetarier machen sich natürlich auch wegen der anderen Missstände Sorgen. Dass sich jemand für eine Sache engagiert, bedeutet noch lange nicht, dass er sich nicht auch über andere Dinge Sorgen macht.

Mal ehrlich – Leute, die so argumentieren, wollen sich nur herausreden. Sie sagen: »Okay, ich gebe zu, dass da etwas Unrechtes passiert. Aber schaut euch doch an, was sonst noch für schlimme Sachen passieren! Verglichen mit den anderen schrecklichen Dingen, ist die Tatsache, dass ich Fleisch esse, doch eher unbedeutend, oder?«

Wenn dies eine überzeugende Verteidigung wäre, könnte man damit logischerweise auch alle anderen schrecklichen Dinge rechtfertigen: vom Stehlen eines Buchs bis zu einem Mord.

Fleischesser könnten sich vielleicht besser damit zu entschuldigen versuchen, dass das Töten von Tieren zum Verzehr – verglichen mit anderen unmoralischen Taten – auf einer Skala der Schlechtigkeit ziemlich weit unten stünde. Manche Dinge kann man für unmoralischer halten als andere. Ganz oben auf dieser Skala würden Taten rangieren wie das Umbringen von mehreren Menschen. Weiter unten auf dieser Skala stünde der absichtliche Mord an einer Person. Und noch weiter unten stünde unabsichtliches Töten durch Dummheit (zum Beispiel, wenn jemand betrunken im Auto unterwegs ist und dabei jemanden überfährt). Noch weiter unten käme dann einen anderen um seine gesamten Ersparnisse zu bringen. Dann käme das Stehlen von Süßigkeiten in einem Laden. Ganz unten auf der Skala stünden Dinge wie »einen Apfel aus dem Garten des Nachbarn klauen«. Und auf dieser Skala von bösen Taten würde das Fleischessen doch sicher ziemlich weit unten rangieren, oder? Auch wenn wir zugeben, dass es vielleicht nicht ganz okay ist, Tiere zu töten, um Fleisch essen zu können, dann ist es aber zumindest nicht *sehr* böse.

Ist das Verhalten der »moralischen« Vegetarier, die einen solchen Aufstand machen, weil Tiere unseretwegen ausgebeutet werden und leiden müssen, nicht sogar irgendwie empörend, wenn man es mit anderen Geschehnissen vergleicht?

Sind wir so schlecht wie die früheren Sklavenhalter?

Was ist eine Ausrede nach dem Motto »Es ist doch völlig unbedeutend« wert? Die meisten Vegetarier würden antworten: »Recht wenig.« Hier die Gründe dafür:

Wenn unsere Nachfahren in späterer Zeit, sagen wir mal in etwa zweihundert Jahren, darüber sprechen, wie wir Tiere behandelt haben, werden sie vielleicht entsetzt sein. Sie werden sich möglicherweise fragen: Warum haben die Menschen damals nicht eingesehen, wie barbarisch es war, Milliarden von Tieren unter entsetzlichen Umständen zu züchten und sie dann zu schlachten, nur weil sie ihr Fleisch essen wollten? Wie war es nur möglich, dass sie nicht begriffen haben, dass sie etwas total Unmoralisches taten?

Wenn wir heute an die Sklaverei zurückdenken, können wir kaum verstehen, dass die Leute damals nicht einsahen, wie falsch es war, andere Menschen so unmenschlich zu behandeln. Einige behandelten ihre Sklaven nicht besser als Vieh, manchmal sogar schlimmer. Sie peitschten sie aus, folterten sie und ließen sie unter unwürdigsten Umständen leben. Manche Sklavenhalter machten ihre Sklaven absichtlich zum Krüppel, falls diese es gewagt hatten, einen Fluchtversuch zu unternehmen.

Warum haben die Sklavenbesitzer damals nicht eingesehen, welches Unrecht sie ihren Mitmenschen antaten? Doch offenbar war es ihnen einfach nicht bewusst. Mehr noch, die meisten Sklavenhalter hielten sich für aufrechte, gottesfürchtige Bürger.

Vielleicht sind wir einfach wie die damaligen Sklavenbesitzer blind gegenüber dem Unrecht, das wir begehen. Weil wir von so vielen Menschen umgeben sind, die es ebenfalls okay finden, Tiere so zu behandeln, wie wir es tun, fällt es uns schwer, einzusehen, dass wir etwas Unrechtes tun.

Ich habe versucht zu erklären, warum ich so skeptisch bin gegenüber der Behauptung, dass es zwar schlimm sei, Fleisch zu essen, aber eben nicht so *sehr* schlimm. Vielleicht empfinden wir es nur deshalb als nicht sehr schlimm, weil die breite Masse nichts daran auszusetzen hat.

Aber im Grunde genommen haben wir bisher noch keinen einzigen Grund entdeckt, der widerlegen würde, dass das Töten von Tieren ihres Fleisches wegen falsch ist. Ehrlich gesagt, haben wir noch kein einziges Argument gehört, das erklären würde, warum es nicht genauso schlimm sein sollte wie das Töten eines Menschen aus demselben Grund.

Carols letztes Argument:
Sollte Aisha nicht sogar Veganerin werden?

Zurück zu der kleinen Auseinandersetzung zwischen Carol und Aisha. Ich fand, dass Aisha bisher die definitiv besseren Argumente angeführt hatte. Doch dann kam Carol mit einem noch besseren Argument, das Aisha allen Wind aus den Segeln nahm. Carol sagte nämlich:

Carol: Hmmm, das Eis war super.
Aisha: Stimmt, ganz toll.

Carol: Sag mal, Aisha, eins würde ich gerne wissen: Warum bist du eigentlich aus moralischen Gründen nicht auch gegen das Eisessen? Eis wird bekanntlich aus Milch gemacht und Milch stammt von Kühen. Auch Käse wird aus Milch gemacht und auf deinem Gemüseburger war Käse!

Aisha: Aber Käse und Eis kann man herstellen, ohne dass die Tiere dafür sterben müssen.

Carol: Aber werden die armen Kühe nicht unter denselben entsetzlichen Bedingungen gehalten?

Aisha: Oh – ich fürchte, du hast Recht.

Carol: Gut. Und selbst wenn man sie artgerecht hält, müssen die Kühe dann nicht erst ein Kalb bekommen, ehe sie Milch geben können?

Aisha: Ja, ich glaube, das stimmt.

Carol: Schön, und was passiert danach mit all den Kälbern? Die Hälfte davon ist männlich und taugt nicht zur Milchkuh.

Aisha: Hm, ja . . .

Carol: Also werden sie geschlachtet, stimmt's? Geht ja wohl kaum anders. Sonst würden wir bald von Bullenherden zertrampelt werden.

Aisha: Hm, da hast du Recht.

Carol: Aha! Da hältst du mir eine Strafpredigt, weil ich es wage, einen Burger zu essen. Aber nur weil ich einen Burger gegessen habe, bist du zu diesem Eis und dem Käse auf deinem Gemüseburger gekommen. Du bist ganz schön scheinheilig! Ich wette, du trägst auch Lederschuhe, richtig?

Aisha: Ja . . .

Carol: Und was glaubst du wohl, woher das Leder für deine Schuhe stammt? Von einem getöteten Tier. Ich hoffe, du siehst nun ein, dass du genauso verantwortlich bist wie ich für den Tod all dieser Tiere, auch wenn du kein Fleisch isst!

Es stimmt, dass Kühe einmal pro Jahr trächtig sein müssen, um Milch geben zu können. Nur etwa ein Viertel ihrer Kälber wird aufgezogen, um ebenfalls Milchkühe zu werden. Der Rest wird geschlachtet. Die Milchkühe selbst werden mit drei bis sieben Jahren geschlachtet (obwohl sie sehr viel älter werden könnten). Damit eine hohe Milchproduktion gewährleistet ist, müssen also sehr viele Tiere ihr Leben lassen.

Zugegeben, Carols Argument hat mich beeindruckt. Wäre Aisha tatsächlich davon überzeugt, dass es unmoralisch ist, Tiere zu töten, müsste sie auch konsequenterweise auf den Verzehr von Milch, Käse und Eis verzichten. Und statt Lederschuhen müsste sie Plastik- oder Stoffschuhe tragen.

Wie ich am Anfang dieses Kapitels erklärt habe, gibt es einige Menschen, die so genannten Veganer, die tatsächlich so weit gehen. Sie verzichten auf alles, was von Tieren stammt. Wäre Aisha von ihren eigenen Argumenten überzeugt, müsste sie ganz offensichtlich Veganerin werden. So weit ging sie jedoch nie. Bis heute trägt sie Lederschuhe. Und noch immer isst sie Käse, Milch, Eier und Eiskrem.

Trotzdem, Carol hat höchstens bewiesen, dass Aisha ein bisschen scheinheilig ist. Alles, was sie bewiesen hat, war, dass es auch falsch ist, Tiere zu töten, um Milch, Eier, Leder und so weiter zu bekommen, genauso, wie es falsch ist, sie zu töten, um Fleisch essen zu können. Beachte bitte, dass Carol damit keinesfalls bewiesen hat, dass es moralisch in Ordnung wäre, Tiere zu schlachten. Sie hat uns keinen einzigen Grund dafür genannt, anzunehmen, dass das Töten von Tieren um Fleisch, Milch, Eier oder Leder zu bekommen, nicht in der Tat *sehr schlimm* ist.

Darf ich Fleisch essen?

Ich habe versucht die Argumente für und gegen Vegetarismus und Veganismus so fair wie möglich darzulegen. Ich habe *nicht* versucht dich in die eine oder andere Richtung zu beeinflussen. Ich möchte, dass du dir diese Argumente durch den Kopf gehen lässt und dir deine eigene Meinung bildest.

Ich selbst esse Fleisch. Doch ich gebe zu, dass ich die moralischen Argumente, die gegen das Fleischessen sprechen, sehr überzeugend finde. Wenn es moralisch gesehen nicht okay ist, Tiere zu töten, nur weil wir ihr Fleisch so gern essen, warum halten wir es dann für okay? Wenn wir es nicht rechtfertigen können, warum wir andere Spezies so unterschiedlich von unserer eigenen behandeln, dann scheint mir, dass wir zurecht der Arten-Diskriminierung beschuldigt werden.

Kann man zweimal in denselben Fluss springen?

Aishas umwerfende philosophische »Erkenntnis«

Vor nicht langer Zeit waren Aisha und Carol an einem Fluss zum Schwimmen. Anschließend setzten sie sich an einen Picknicktisch und aßen ihre mitgebrachten Brote auf.

Nachdenklich blickte Aisha auf den Fluss. Auf einmal wurde sie ganz aufgeregt.

Aisha: Ich habe gerade eine wahnsinnig tolle philosophische Erkenntnis gemacht!

Carol: Ach ja? Lass hören!

Aisha: Man kann nicht zweimal in denselben Fluss springen!

Carol: Sei nicht albern! Natürlich kann man das.

Aisha: Ich bin nicht albern. Hör zu: Angenommen, du springst in

den Fluss dort unten . . . Platsch! Dann kommst du wieder heraus und springst ein zweites Mal hinein. Aber es ist nicht mehr derselbe Fluss! Er hat sich zwischen dem ersten und dem zweiten Sprung in vielerlei Hinsicht verändert, stimmt's?

Carol war etwas skeptisch.
Carol: Hmmm . . . Warum?
Aisha: Na, das ist doch logisch. Das Wasser von vorhin ist längst weitergeströmt. Es ist also nicht mehr dasselbe Wasser im Fluss wie beim ersten Mal.

Und auch alles, was im Wasser ist,
hat sich weiterbewegt,
das Schilf, die Fische . . .

Der Schlamm im Flussbett hat sich ein bisschen bewegt . . .

Solche Sachen eben. Der Fluss hat sich verändert.

Carol gab zu, dass sich der Fluss um einiges verändert haben konnte.

Aisha: Also, wenn sich der Fluss verändert hat, ist er nicht mehr derselbe, oder?

Carol: Nein, vermutlich nicht.

Aisha: Und wenn es nicht mehr derselbe Fluss ist, dann sind es zwei Flüsse, nicht nur einer. Es gibt zum einen den Fluss, in den du beim ersten Mal gesprungen bist, und zum anderen einen zweiten, unterschiedlichen Fluss, in den du beim zweiten Mal springst. Gibst du mir Recht?

Der gesunde Menschenverstand

Carol überlegte angestrengt.

Carol: Hm ... nein. Das stimmt nicht. Natürlich kann man zweimal in denselben Fluss springen. Das sagt einem der gesunde Menschenverstand, die Vernunft.

Aisha: Der gesunde Menschenverstand? Pah! Was besagt der schon? Der hat sich schon oft getäuscht. Noch vor wenigen Jahrhunderten wurde allgemein angenommen, die Sonne drehe sich um die Erde. Alle waren davon überzeugt. Wenn du da gesagt hättest, die Erde drehe sich um die Sonne, hätten dich alle für verrückt erklärt. Doch die Sonne dreht sich nicht um die Erde, sondern umgekehrt. Habe ich Recht?

Carol: Ja, natürlich.

Aisha: Na gut. Der gesunde Menschenverstand kann sich täuschen. Und er täuscht sich auch, wenn er es für möglich hält, zweimal in denselben Fluss zu springen. Ich habe soeben bewiesen, dass sich der gesunde Menschenverstand irrt. Bin ich nicht ein Genie?

PHILOSOPHIN
DES JAHRES

Schnell noch mal hinein

Carol schwieg und nahm sich ein zweites Brötchen. Auf einmal hatte sie einen Einfall.

Carol: Moment mal! Was, wenn man hineinspringt, herauskommt und sofort wieder hineinspringt? Dann wäre es doch noch derselbe Fluss, oder?

Aisha: Ich fürchte nicht.

Carol: Warum nicht?

Aisha: Weil sich der Fluss trotzdem verändert haben wird, wenn auch nur ein bisschen. Er verändert sich andauernd. Selbst nach dem Bruchteil einer Sekunde hat er sich verändert. Folglich kann er beim zweiten Sprung nicht mehr derselbe sein, selbst wenn du ganz schnell wieder hineinspringst.

Carol biss in ihr Brötchen und schnitt eine Grimasse. Sie war richtig frustriert. So frustriert, dass sie mit vollem Mund redete, ohne darauf zu achten, dass sie Brotkrümel in alle Richtungen spuckte.

Carol: Ja. Aber es gibt einfach keine zwei Flüsse, begreifst du? Ich meine, der Fluss, in den du beim ersten Mal gesprungen bist, ist schließlich nicht verschwunden!

Aisha: Doch, er ist verschwunden! Wahnsinn, nicht wahr? In derselben Sekunde, in der sich der Fluss verändert hat, ist er verschwunden! Er existiert nicht mehr! Er ist durch einen neuen Fluss ersetzt worden. Und schon in der nächsten Sekunde ist auch dieser Fluss wieder verschwunden und an seiner Stelle fließt ein dritter Fluss. Und so weiter. Sobald es nur die kleinste Veränderung gibt, ist es ein anderer Fluss, verstehst du? Es ist nicht mehr derselbe Fluss! Und wenn es nicht mehr derselbe Fluss ist, dann muss es logischerweise ein neuer Fluss sein!

Aisha zeigte auf den Fluss, der ruhig an ihnen vorbeifloss.

Aisha: Schau genau hin! In Wirklichkeit siehst du eine Vielzahl von Flüssen – Abermillionen von Flüssen –, von denen jeder nur einen ganz kurzen Augenblick lang existiert, denn er wird in null Komma nichts durch einen anderen Fluss ersetzt, der ein kleines bisschen anders ist.

Carol: Also wirklich! Das ist ja verrückt. Du spinnst!

Aisha: Ich spinne nicht! Ich habe eine irre philosophische Entdeckung gemacht! Okay, der gesunde Menschenverstand sagt etwas anderes. Aber manchmal irrt er eben. Genau deshalb ist meine Entdeckung ja so erstaunlich: Sie beweist, dass sich der gesunde Menschenverstand irren kann.

»Ich sehe aber, dass der Fluss nicht verschwindet.«
Carol war noch immer nicht überzeugt.

Carol: Das ist total lächerlich! Schau! Du siehst doch selbst, dass der Fluss nicht verschwindet. Was ich mit meinen eigenen Augen sehe, beweist mir, dass du dich irrst.

Aisha gab zu, dass es so *aussieht*, als würde der Fluss nicht verschwinden. Doch das war in ihren Augen noch lange kein Beweis dafür, dass es nicht doch der Fall war.

Aisha: Carol, denk doch mal an deinen Fernseher. Wenn du die Bilder im Fernseher siehst, siehst du in Wirklichkeit eine Menge statischer Bilder, die sehr rasch nacheinander auftauchen. Doch weil jedes Bild dem vorhergehenden sehr ähnlich ist und wegen der raschen Abfolge glaubt man ein einziges, sich ständig bewegendes Bild zu sehen.

Carol: Klar, das weiß ich.

Aisha: Dasselbe gilt für den Fluss. In Wirklichkeit sehen wir viele statische Flüsse. Doch weil jeder Fluss dem vorhergehenden so ähnlich ist und weil sie so rasch aufeinander folgen, kommt es uns so vor, als sähen wir nur einen einzigen, sich bewegenden Fluss.

Aisha hoffte, dass sie Carol nun überzeugt hatte.

Aisha: Also, Carol, stimmst du mir nun zu, dass du beim zweiten Sprung in einen völlig anderen Fluss springst?

Carol: Ich glaube schon . . .

Dabei war Carol alles andere als überzeugt. Ihr fiel nur nicht ein, wie sie Aisha widerlegen konnte. Doch ihr Gefühl sagte ihr, dass etwas an Aishas Behauptung *nicht* stimmte.

Was meinst du? Bist du Aishas oder Carols Meinung?

Aisha und Carol gehen kegeln

In der folgenden Nacht schlief Carol sehr unruhig.

Aishas Behauptung über den Fluss ging ihr nicht aus dem Kopf. Nach längerem Grübeln kam sie zu dem Schluss, dass Aisha doch Recht haben musste. Denn ihr fiel beim besten Willen nichts ein, was daran falsch sein konnte. Kurz vor dem Einschlafen fiel Carol sogar noch ein ähnliches Beispiel ein.

Am nächsten Tag gingen Carol und Aisha zum Kegeln. Sie trafen sich an der Kegelbahn. Und wenig später waren sie am Spielen.

Sobald die erste Kugel rollte, erklärte Carol Aisha ihre Entdeckung.

Carol: Stell dir vor, ich habe auch eine philosophische Erkenntnis gemacht.

Aisha: Echt? Und was?

Carol: Man kann nicht zweimal dieselbe Person treffen.

Aisha: Warum nicht?

Carol nahm eine Kugel in die Hand und zielte damit auf die Kegel. Aisha schaute gespannt zu, wie Carols Kugel über die Bahn rollte und dann alle Kegel umwarf.

Carol: Alle Neune! Also, es ist genau dasselbe wie mit deinem Fluss. Du hast gesagt, der Fluss wäre nicht mehr derselbe, wenn man zum zweiten Mal hineinspringt. Und wenn es nicht mehr derselbe Fluss ist, dann müssen es zwei Flüsse sein, nicht nur einer. Stimmt's?

Aisha: Ja, stimmt.

Carol: Gut, und wenn du eine Person triffst und dann wenig später ein zweites Mal, dann ist es auch nicht mehr dieselbe Person. Sie hat sich in einigen Punkten verändert, stimmt's?

Aisha: Ich glaube schon.

Carol: Beim zweiten Treffen hat sich die fragliche Person verändert. Sie ist nicht mehr die gleiche wie beim letzten Mal. Und wenn du nicht mehr dieselbe Person triffst, dann hast du zwei Personen getroffen, nicht eine einzige!

Aisha war ziemlich beeindruckt. Sie griff nach einer Kugel.

Aisha: Hey, ich glaube, du hast Recht! Weißt du, daran hatte ich gar nicht gedacht!

Carol: Dabei ist es doch ganz klar! Die Person, die du beim ersten Mal triffst, verschwindet ziemlich schnell! Sobald eine kleine Veränderung eintritt, ist sie für immer dahin. Sie wird durch eine neue Person ersetzt. Und sobald wieder eine Veränderung eintritt, ist auch diese verschwunden und es gibt eine dritte Person. Wann immer es auch nur die kleinste Veränderung gibt, ist die Person anders. Sie ist nicht mehr dieselbe. Folglich hat eine neue Person den Platz der alten eingenommen.

Aisha legte die Kugel wieder auf den Boden. Sie musste Carols Worte erst verdauen.

Aisha: Moment mal! Das bedeutet, dass du nicht die Person bist, mit der ich gestern geredet habe.

Carol: Dich gab es gestern doch noch gar nicht, folglich hast du gestern auch mit niemandem gesprochen! Uns beide gab es gestern noch nicht! Das Gespräch gestern wurde von zwei total anderen Menschen geführt!

Aisha: Das kann doch irgendwie nicht stimmen, oder?

Carol: Doch, es stimmt! Ich glaube, wir haben noch eine weitere umwerfende Entdeckung gemacht! Es gibt noch einen zweiten Grund, warum ich nicht zweimal in denselben Fluss springen kann. Beim zweiten Sprung wird es nicht nur ein anderer Fluss sein, sondern auch die Person, die hineinspringt, wird nicht mehr ich sein. Mich gibt es nicht mehr. Die Person, die den zweiten Sprung macht, ist eine ganz andere Person.

Aisha war verblüfft. Carol hingegen nahm sich eine neue Kugel und zielte auf die Kegel.

Carol: Ich habe sogar eine noch erstaunlichere Entdeckung gemacht. Die beiden Personen, die vor zwei Minuten diese Unterhaltung angefangen haben, gibt es nicht mehr. Und weil wir uns ständig verändern, ist die Person, die diesen Satz angefangen hat, nicht mehr dieselbe Person wie die, die ihn gerade zu Ende führt. Weil nämlich . . .

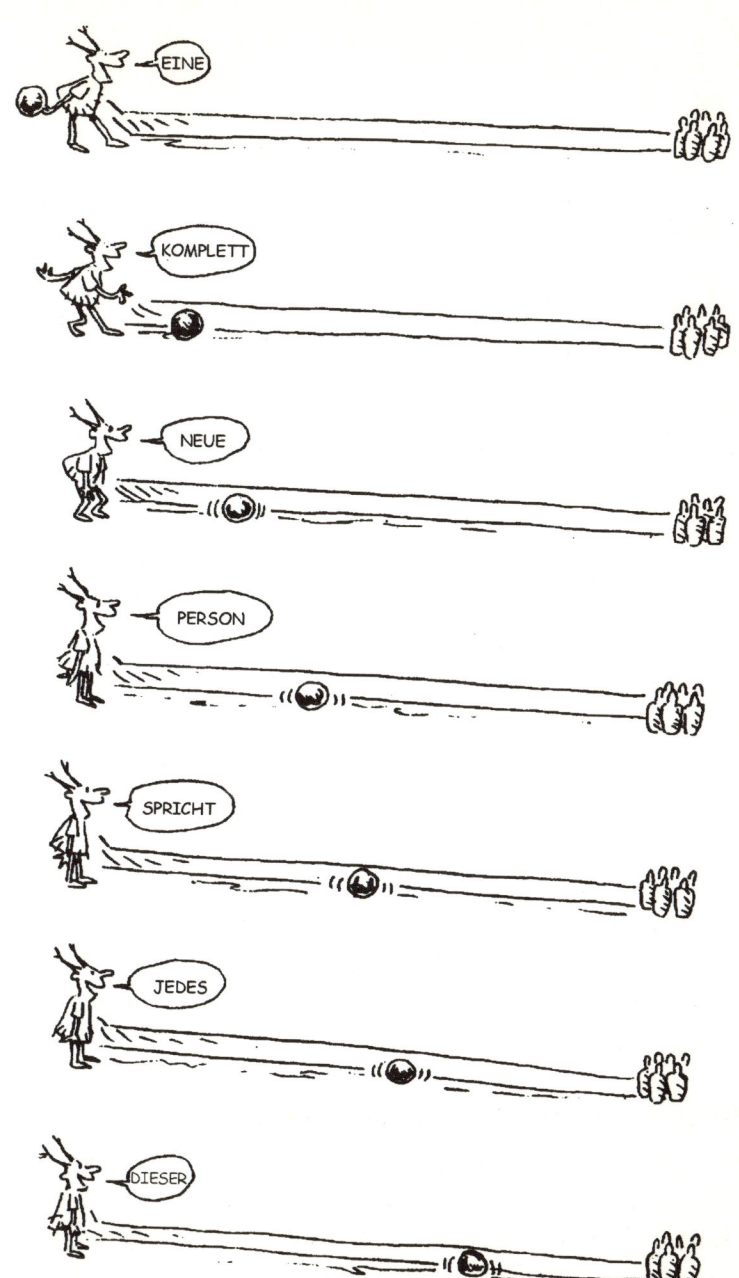

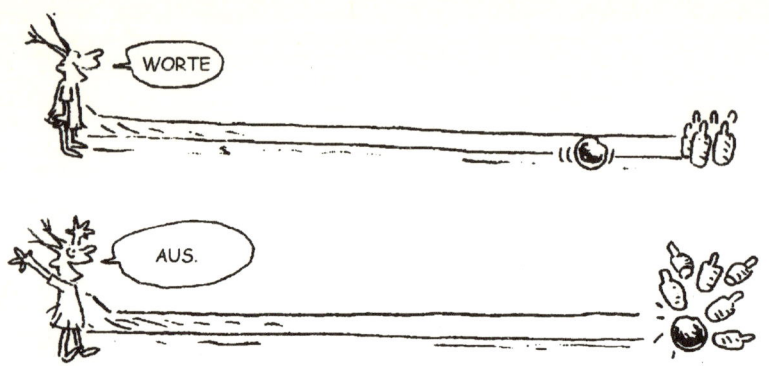

Nun war Aisha wirklich sehr verunsichert.

Aisha: Das ist wirklich erstaunlich, Carol. Fast ein bisschen zu erstaunlich. Es ist geradezu lächerlich. Ist dir bei deinen Überlegungen nicht irgendwo ein Fehler unterlaufen?

Carol: Hey, du willst dich doch jetzt nicht etwa auf den guten alten gesunden Menschenverstand berufen, oder? Der kann sich irren. Er hat sich schon öfters geirrt, wenn ich dich an deine eigenen Worte erinnern darf. Hast du sie schon vergessen?

Aisha war sich nun ganz sicher, dass ihr und Carol irgendwo ein Denkfehler unterlaufen sein musste.

Aisha: Nein, ich weiß es noch. Aber inzwischen bin ich mir sicher, dass wir nicht so rasch auf den gesunden Menschenverstand pfeifen dürfen. Es kann einfach nicht stimmen, dass es dich und mich von uns vor einer Minute oder gar nur einer Sekunde noch nicht gegeben hat, oder? Uns muss irgendein Denkfehler unterlaufen sein.

Der Zwischenfall mit dem kandierten Apfel

Weil Aisha Hunger hatte, gingen die beiden Freundinnen an die Theke und kauften sich je einen kandierten Apfel. Aisha verschlang ihren kandierten Apfel gierig, während Carol wartete, bis ihrer sich etwas abgekühlt haben würde.

132

Doch gerade als Carol ihren ersten Bissen nehmen wollte, riss Aisha ihr den Apfel aus der Hand und biss ein großes Stück heraus.

Carol: Hey! Was machst du da?
Aisha: Ist was?
Carol: Was ist? Du hast gerade die Hälfte von meinem kandierten Apfel abgebissen! Ohne mich zu fragen!
Aisha: Nein, hab ich nicht.
Carol: Doch, ich hab's genau gesehen!
Aisha: Da musst du dich irren.

Da Carol aussah, als würde sie gleich explodieren, beschloss Aisha ihr alles zu erklären.
Aisha: Tut mir Leid, aber nicht ich *habe* in deinen Apfel gebissen. Denn wenn deine Theorie stimmt, gab es mich vor zwei Sekunden noch gar nicht, oder?
Carol: Oh . . . hm, stimmt.
Aisha: Also, die Person, die in deinen Apfel gebissen hat, war eine komplett andere Person, nicht ich.

Aisha gab Carol den spärlichen Rest ihres Apfels zurück.
Aisha: Und außerdem hat dir überhaupt keiner etwas genommen! Die Person, die in den Apfel beißen wollte, ehe er ihr entrissen wurde, warst nicht du. Dich gibt es erst seit einem winzigen Sekundenbruchteil.
Carol: Du spinnst!
Aisha: Ich wollte dir nur vorführen, dass ich *mir* absolut keine Vorwürfe machen muss, wenn deine Theorie stimmt. Weshalb bist du dann so sauer?

Aisha hat vollkommen Recht. Wenn Carols Theorie stimmt, dann ist die Person, die ihr den Apfel entrissen hat, nicht die gleiche Person, die nun vor ihr steht. Die Person, die den Apfel gestohlen hat, *existiert nicht mehr*. Doch das kann irgendwie nicht stimmen, oder? Nicht einmal Carol konnte *wirklich* glauben, dass die Person, die ihren halben Apfel aufgefuttert hatte, aufgehört hatte zu existieren.

Zwei Denkrätsel

Aisha und Carol stehen vor zwei Rätseln. Das erste lautet: Auf der einen Seite scheint es logisch, dass man zweimal in ein und denselben Fluss springen *kann* – das sagt einem der gesunde Menschenverstand. Auf der anderen Seite scheint Aisha ein Argument gefunden zu haben, das beweist, dass dies doch *nicht* möglich ist. Der Fluss verändert sich andauernd und ist folglich nicht mehr derselbe Fluss. Und wenn es nicht mehr derselbe Fluss ist, dann muss es – so erstaunlich es auch klingt – *zwei* Flüsse geben, nicht nur einen.

Das ähnliche Denkrätsel lautet, ob man zweimal dieselbe Person treffen kann. Unser gesunder Menschenverstand sagt »Ja«, während Aishas Theorie besagt, dass es nicht möglich ist.

Wie können wir diese beiden Rätsel lösen? Sollen wir die Stimme der Vernunft überhören und uns vom gesunden Menschenverstand distanzieren? Oder enthält die von Aisha und Carol vorgetragene Theorie einen Fehler? Doch wo steckt dieser Fehler? Was meinst du?

Heraklit

Diese Rätsel sind schon uralt. Vermutlich schon an die zweieinhalbtausend Jahre alt. Schon Heraklit, ein Philosoph im Alten Griechenland, soll behauptet haben, dass man nicht zweimal in denselben Fluss steigen kann.

Falls Heraklit das wirklich gesagt haben sollte, dann hat er sicher ähnlich gedacht wie Aisha.

Ich betrete die Bühne

Doch zurück zu Aisha und Carol. Die beiden starrten einander zornig an. Schweigend aß Carol den Rest ihres kandierten Apfels auf.

Zufällig war ich an diesem Tag auch in der Kegelbahn. Da ich ihr Gespräch wohl oder übel mit angehört hatte, ging ich auf einen Sprung zu ihnen.

Ich: Ich habe gehört, worüber ihr euch gerade unterhalten habt. Wisst ihr, darüber, dass es nicht möglich ist, zweimal in denselben Fluss zu springen oder zweimal dieselbe Person zu treffen.
Carol: Entschuldige. Wir waren wohl ein bisschen zu laut.
Ich: Na ja, ich bin ohnehin kein Ass im Kegeln.
Aisha: Stimmt, wir haben dich vorhin schon stolpern sehen.
Ich: Aber dafür kann ich euch vielleicht bei eurem philosophischen Rätsel helfen.

Carol: Und wie?

Ich: Ich glaube, ihr habt euch in einen Schlamassel hineingeritten. Doch ich kann euch da wieder heraushelfen.

Aisha: Was für einen Schlamassel? Was meinst du?

Zwei Arten von Gleichheit

Ich begann zu erklären, dass die Worte »das Gleiche« und »dasselbe« zwei verschiedene Bedeutungen haben. Man verwendet sie für zwei völlig unterschiedliche Arten von »Gleichheit«.

Ich: Um wieder klar zu sehen, müsst ihr zwischen zwei Arten von »gleich« unterscheiden.

Aisha: Wie meinst du das? Welche zwei Arten von »gleich«?

Ich: Lasst es mich erklären. Schaut euch diese zwei Kugeln an.

Ich zeigte auf zwei Kugeln, die in unserer Nähe auf dem Boden lagen.

Ich: Diese zwei Kugeln sind nicht dieselben Kugeln, richtig? Vor uns liegen zwei Kugeln, nicht eine.

Aisha: Logo!

Ich: In gewisser Hinsicht sind die Kugeln zwar gleich; es sind aber nicht ein und dieselbe Kugel. Und es sind zwei Kugeln, nicht eine.

Aisha: Ganz zweifellos.

Ich: Es gibt aber auch viele Punkte, in denen die Kugeln gleich sind. Beide Kugeln sind rund. Beide sind schwarz. Sie wiegen gleich viel und bestehen aus demselben Material. Was ihre Eigenschaften betrifft, sind die beiden Kugeln in vieler Hinsicht gleich, stimmt's?

Aisha: Ja, natürlich.

Ich: Nun, wenn zwei Dinge dieselben Eigenschaften haben, bezeichnen wir Philosophen sie als qualitativ gleich.

Aisha: Aha . . .

Ich: Diese beiden Kugeln sind zwar qualitativ, nicht aber in all ihren Eigenschaften genau gleich. Sie unterscheiden sich in vielen kleinen Details, meist zu klein, um sie mit bloßem Auge zu sehen. Doch es spricht nichts dagegen, dass es auch zwei Kugeln geben könnte, die in allen Eigenschaften genau gleich wären, oder?

Carol: Nein, das könnte schon sein.

Ich: Jetzt überlegt mal! Angenommen, es gibt zwei Kugeln, die in jeder Hinsicht qualitativ genau gleich sind. Sie haben genau dieselben Eigenschaften: Beide sind schwarz, wiegen haargenau gleich viel. Diese beiden Kugeln sind exakt gleich – bis auf das letzte Atom.

Trotzdem sind diese beiden Kugeln nicht ein und dieselbe Kugel, nicht wahr? Sie sind immer noch zwei verschiedene Kugeln, richtig?

Carol: Ja, es sind zwei Kugeln.

Ich: Gut, dann haben wir also den Fall, dass zwei Kugeln qualitativ genau gleich, aber dennoch nicht dieselben Kugeln sind. Es sind und bleiben zwei verschiedene Kugeln. Wir Philosophen sagen dann in der Regel, dass sie nicht numerisch – sprich zahlenmäßig – gleich sind, denn es sind zwei Kugeln und nicht eine Kugel.

NUMERISCH SIND SIE ABER NICHT GLEICH.

Aisha: Ich verstehe. Du behauptest, dass es zwei Arten von Gleichheit gibt: qualitative Gleichheit und numerische Gleichheit.

Ich: Genau!

Carol: Du behauptest, dass die Kugeln qualitativ gleich sein können, ohne numerisch gleich zu sein. Selbst wenn beide Kugeln genau dieselben Eigenschaften haben, sind es immer noch zwei Kugeln und nicht eine einzige.

Ich: Richtig!

Numerische Gleichheit ohne qualitative Gleichheit

Es gibt Dinge, die qualitativ, nicht aber numerisch gleich sind, und auch Dinge, die numerisch, nicht aber qualitativ gleich sind, wie ich den beiden Freundinnen nun erklärte.

Ich: Hier nun ein Beispiel für numerische, nicht aber qualitative Gleichheit. Angenommen, wir nehmen diese schwarze Kugel und malen sie weiß an. Dann ist sie qualitativ nicht mehr wie zuvor.

Carol: Stimmt, eine ihrer Eigenschaften hat sich verändert. Sie ist nun weiß, nicht mehr schwarz.

Ich: Richtig. Deshalb ist sie qualitativ nicht mehr gleich. Doch numerisch ist es immer noch dieselbe Kugel. Sie ist nur eine Kugel, nicht zwei, trotz der Tatsache, dass sie nun eine andere Farbe hat.

Carol: Richtig.

Ich: Hier noch ein weiteres Beispiel. Angenommen, vor mir steht ein leckeres Gebäckstück.

Dann beiße
ich ein Stück ab.

Steht danach immer
noch dasselbe Ge-
bäckstück vor mir?

Carol: Es ist dasselbe Gebäckstück und auch wieder nicht. Rein numerisch ist es dasselbe Stück. Qualitativ ist es jedoch nicht mehr das gleiche wie vorher. Es wiegt etwas weniger und seine Form hat sich leicht verändert. Ein Bissen fehlt.

Ich: Du hast Recht! Das Gebäckstück ist ein weiteres Beispiel dafür, dass etwas numerisch, nicht aber qualitativ gleich ist. Dass ich ein Stück abgebissen habe, bedeutet nicht, dass der Kuchen hinterher numerisch nicht mehr derselbe Kuchen wäre wie zuvor.

Aisha: Ich verstehe.

Worin hat sich Aisha geirrt?

Anschließend erklärte ich ihnen, was an Aishas Argumentation nicht hieb- und stichfest gewesen war.

Aisha hatte folgendermaßen überlegt:

> BEIM ZWEITEN SPRUNG HAT SICH DER FLUSS VERÄNDERT. FOLGLICH IST ER NICHT MEHR DERSELBE FLUSS. UND WENN ER NICHT MEHR DERSELBE FLUSS IST, DANN IST MAN LOGISCHERWEISE IN ZWEI VERSCHIEDENE FLÜSSE GESPRUNGEN.

Erkennst du nun, wo das Problem lag? Aisha hatte – völlig korrekt – behauptet, dass der Fluss, in den man beim zweiten Mal springt, *qualitativ* nicht mehr derselbe Fluss ist wie beim ersten Mal. Klar hat sich der Fluss zwischen dem ersten und dem zweiten Sprung qualitativ in mancher Hinsicht verändert: Das Wasser ist weitergeflossen, Fische und Gegenstände im Wasser haben sich fortbewegt und so weiter. Doch das ist keine umwerfende philosophische Erkenntnis, nicht wahr? Es ist nur eine recht offensichtliche und banale Tatsache über Flüsse.

Da ist die Behauptung, dass man nicht zweimal in den *numerisch* gleichen Fluss springen kann, schon sehr viel aufregender. Diesen Schluss hat Aisha nämlich am Ende ihrer Ausführungen gezogen. Sie hat behauptet, dass man in *zwei* Flüsse springt, nicht in einen einzigen. Wenn Aisha aber beweisen könnte, dass man nicht zweimal in den *numerisch* gleichen Fluss springen kann, würde mich das echt vom Hocker reißen.

Natürlich hat Aisha nichts dergleichen bewiesen. Ihre Argumentation war nicht überzeugend. Sie wirkt nur so, wenn einem nicht auffällt, dass Aisha den Begriff »gleich« auf zwei verschiedene Arten benutzt. Klar, der Fluss wird *qualitativ* nicht der gleiche sein wie zuvor. Doch das bedeutet noch lange nicht, dass er auch *numerisch* nicht mehr derselbe Fluss wäre.

Carols Behauptung, dass man nicht zweimal ein und dieselbe Person treffen kann, ist aus genau demselben Grund genauso wenig zutreffend.

Die Lösung der Rätsel

So waren die beiden Rätsel zum Glück bald gelöst.

Erinnerst du dich an das erste? Es lautete: Auf der einen Seite sagt einem der gesunde Menschenverstand, dass man sehr wohl zweimal in denselben Fluss springen *kann*. Aishas Argument schien jedoch zu beweisen, dass das *nicht* möglich ist. Wenn es beim zweiten Sprung ein anderer Fluss ist, müsse es also zwei Flüsse geben, nicht nur einen. Wir mussten also entweder herausfinden, was an Aishas Argumentation nicht stimmt, oder aber der gesunde Menschenverstand hatte sich geirrt.

Zum Glück gibt es für dieses philosophische Rätsel eine Lösung. Aishas Argument war nicht stichhaltig. Deshalb können wir uns weiterhin an den gesunden Menschenverstand halten – zumindest so lange, bis jemand mit einem überzeugenderen Argument als Aisha daherkommt.

Carols Behauptung, dass man nicht zweimal dieselbe Person treffen kann, wird auf ähnliche Weise entkräftet.

Über Worte gestolpert

Nachdem wir die Sache für alle Seiten befriedigend geklärt hatten, gingen wir uns einen Milchshake kaufen.

Carol schien erleichtert. Die beiden Rätsel hatten sie ganz schön genervt. Aisha hingegen wirkte etwas enttäuscht.

Carol: Das bedeutet aber, dass in Wirklichkeit keine von uns beiden eine umwerfende philosophische Entdeckung gemacht hat, nicht wahr?

Ich: Tja, ich fürchte, du hast Recht.

Aisha: Schade, ich hatte schon angefangen mich für ein philosophisches Genie zu halten. Dabei habe ich einfach nur falsch gedacht.

Ich: Stimmt, du bist auf Worte hereingefallen. Manchmal, wenn man glaubt eine großartige Erkenntnis gemacht zu haben oder vor einem schwierigen philosophischen Rätsel zu stehen, ist man oft einfach nur über Worte gestolpert.

Aisha: Was meinst du mit »gestolpert«?

Ich: Nun, ihr habt nicht genügend darauf geachtet, wie gewisse Wörter benutzt werden. Ihr habt die Tatsache übersehen, dass der Begriff »gleich« mehr als nur eine Bedeutung hat.

Carol: Ich verstehe. Als Aisha das Wort »gleich« benutzt hat, ist mir nicht aufgefallen, dass sie es jedes Mal in einer anderen Bedeutung benutzt hat.

Ich: Stimmt. Aisha begann mit der Behauptung, der Fluss sei qualitativ nicht »gleich«, und am Ende behauptete sie, dass er deshalb numerisch nicht »gleich« sei. Wenn dir aufgefallen wäre, dass Aisha »gleich« in zwei verschiedenen Bedeutungen benutzt hat, hättest du sofort bemerkt, dass ihre Theorie nicht stimmt.

Eine interessante Lehre

Aus meiner Geschichte über Aisha und Carol können wir eine interessante Lehre ziehen: Wenn wir glauben eine umwerfende Erkenntnis gemacht zu haben oder vor einem schwierigen philosophischen Rätsel zu stehen, ist in Wirklichkeit manchmal nichts anderes passiert, als dass wir über bestimmte Wörter gestolpert sind.

Damit will ich natürlich nicht behaupten, dass *alle* umwerfenden philosophischen »Erkenntnisse« nur daher rühren, dass jemand in eine sprachliche Falle getappt ist. Doch wann immer man auf so eine philosophische »Entdeckung« stößt, ist es ganz nützlich, sich kurz zu überlegen, ob man nicht *vielleicht* über ein Wort gestolpert ist.

Wittgensteins Philosophie

Ludwig Wittgenstein, ein sehr berühmter Philosoph, ging sogar so weit zu behaupten, *alle* philosophischen Rätsel seien das Ergebnis solcher Sprachfallen. Was uns immer wieder in ein philosophisches Dilemma stürzt, ist Wittgensteins Meinung nach die Tatsache, dass wir die Unterschiede in der

Verwendung von Begriffen übersehen. Man brauche jedes philosophische Rätsel nur genau im Hinblick auf diese Unterschiede in der Verwendung zu untersuchen und schon sähe man klar.

Unsere beiden Rätsel bezüglich der Frage, ob man zweimal in den gleichen Fluss springen oder zweimal die gleiche Person treffen kann, bestätigen Wittgensteins Überzeugung. In beiden Fällen lag nur eine Begriffsverwechslung vor. Wir hatten übersehen, dass der Ausdruck »gleich« zwei verschiedene Bedeutungen hat. Das war die Ursache der Verwirrung. Sobald wir geklärt hatten, dass »gleich« zwei unterschiedliche Bedeutungen haben kann, war das Rätsel gelöst.

Doch hat Wittgenstein Recht, wenn er sagt, *alle* philosophischen Rätsel resultierten daraus, dass wir übersehen, dass Wörter und andere Zeichen unterschiedliche Bedeutungen haben können? Hat er Recht, wenn er sagt, dass *jede* philosophische Streitfrage zu lösen ist, wenn man nur genau untersucht, ob ein Begriff nicht zufällig mehrere Bedeutungen hat? In diesem Punkt gehen die Meinungen der Philosophen stark auseinander.

Was meinst du?

6. Abenteuer | Woher kommen die Begriffe »richtig« und »falsch«?

Die böse Harriet

Das ist Harriet.
Harriet geht noch zur Schule. Doch
sie ist keine liebe Schülerin. Sie ver-
prügelt die anderen Kinder und klaut
ihnen ihr Taschengeld.
Sie zerreißt die Bücher der Schulbücherei und macht mut-
willig die Fahrräder anderer Kinder kaputt. Harriet macht
ihren Mitschülern und Mitschülerinnen das Leben ziemlich
schwer.

Killer-Murphy

Natürlich tun wir alle einmal etwas Falsches und haben danach Gewissensbisse. Fast jeder von uns wäre gern ein bes-
serer Mensch, als er ist. Auch ich habe schon etliche Male etwas getan, das mir Schuldgefühle bereitet hat und das ich
hinterher bereut habe. Und das gilt sicher auch für dich. No-
body is perfect – wie man so schön sagt.
Harriet tut zwar viele böse Dinge, aber es gibt noch schlim-

mere. Nehmen wir Murphy als Beispiel. Murphy ist ein Cowboy. Und er ist auch ein Mörder. Er erschießt wehrlose Reisende, um an ihr Geld zu kommen. Hier siehst du, wie Murphy einen armen, unbewaffneten Cowboy abknallt, der gerade zu seiner Familie nach Hause gehen wollte.

Einen anderen Menschen umzubringen gilt als eines der schlimmsten Dinge, die jemand tun kann.

Moralische Grundsätze

Wenn ich sage, dass einige der Taten, die Harriet und Murphy begangen haben, böse sind, beziehe ich mich auf die *Moralität* ihres Tuns. Harriet und Murphy tun Dinge, die sie nicht tun *dürften*.

Bei moralischen Grundsätzen geht es nicht nur darum, was wir nicht tun *dürfen*. Es geht auch darum, was wir tun *sollten*. Es geht darum, das *Richtige* zu tun. Angenommen, Herr Schwarz leiht sich den Hüpfball von Herrn Braun aus.

Während Herr Schwarz darauf herumhüpft, wird er etwas zu übermütig und der Hüpfball wird leicht beschädigt.

Was sollte Herr Schwarz jetzt machen? Ihm kommt der Gedanke, den Hüpfball einfach in Herrn Brauns Garten zu werfen, wenn dieser ihn nicht sieht und dann davonzurennen, ehe Herr Braun den Schaden bemerkt. Doch Herr Schwarz handelt *richtig*. Er gesteht Herrn Braun, dass der Hüpfball einen Riss hat und verspricht ihm den Ball zu reparieren.

Schulden zurückzahlen, anderen in einer Notlage helfen, die Wahrheit sagen – das sind weitere Beispiele für *richtiges* Tun.

Wenn wir über Moral reden – über richtig und falsch –, geht es darum, wie wir unser Leben führen *sollten*. Die meisten von uns spüren, dass es unmoralisch ist, zu lügen, zu betrügen, zu stehlen und zu töten. Wir spüren, dass wir ehrlich und zuverlässig sein und andere mit Respekt behandeln sollten.

Moral und Gesetz

Allerdings dürfen wir Moral – richtig und falsch – nicht mit dem Gesetz verwechseln. Häufig stimmen Moral und Gesetz natürlich überein. Stehlen oder Töten ist unmoralisch. Zudem verstoßen beide Handlungen gegen das Gesetz. Moral und Gesetz stimmen jedoch nicht in *jedem* Fall überein.

Denken wir nur an die Apartheid-Gesetze in Südafrika, die bis vor wenigen Jahren in Kraft waren. Diese Gesetze trennten die Schwarzen von den Weißen. Schwarze galten als

Bürger zweiter Klasse. Sie durften zum Beispiel nicht wählen und nur in ganz bestimmten, ärmlichen Gegenden wohnen. Vieles war in Südafrika nur den Weißen erlaubt.

Doch während Schwarze gegen das geltende Gesetz verstoßen hätten, wenn sie in bestimmten Gegenden gewohnt und gewisse Dinge benutzt hätten,  wäre es *moralisch nicht falsch* gewesen. In Südafrika war nämlich das *Gesetz* unmoralisch. Dass etwas ungesetzlich ist, bedeutet also nicht unbedingt, dass es auch falsch ist.

Es gibt auch Dinge, die moralisch falsch, nicht jedoch ungesetzlich sind. Angenommen, Toby, ein gut aussehender, geldgieriger junger Mann, erfährt auf einer Party von einem seiner Freunde, dass die kränklich aussehende alte Frau, die in der Ecke sitzt, krank ist und nicht mehr lange leben wird.

Toby erfährt auch, dass die Frau ein bisschen bescheuert, aber sehr nett und stinkreich ist. Und dass sie keine lebenden Verwandten hat. Und obwohl er die Frau eigentlich sehr hässlich und langweilig findet, macht Toby ihr nun den ganzen Abend über den Hof und tut so, als fände er sie faszinierend. Warum? Weil er die Frau dazu bringen möchte, ihn zu heiraten. Dabei hat er es nur auf ihr Geld abgesehen, das er erben würde, wenn sie stirbt.

Die meisten Leute würden Tobys Verhalten nun aber für sehr unmoralisch halten. Doch was Toby tut, ist nicht *ungesetzlich*. Selbst wenn Toby die Frau dazu bringen sollte, ihn zu heiraten, würde er gegen kein Gesetz verstoßen. Was unmoralisch ist,

ist also nicht unbedingt auch gesetzlich verboten.

Ist Töten immer Unrecht?

Wir alle halten das Töten für falsch. Doch ist das Töten *an sich* falsch? Was ist mit einem Schaf, einem Floh oder einem Grashalm? Die meisten Leute würden sagen, dass man solche Objekte ruhig töten darf. Sie würden sagen, dass man nur keine anderen Menschen töten darf.

Doch ist es *immer* falsch, einen anderen Menschen zu töten? Nehmen wir einmal folgende Situation an:

Du bist ein Farmer im alten Wilden Westen. Killer-Murphy bricht in dein Haus ein. Er bedroht dich und deine Familie mit seinen zwei Revolvern und verkündet, dass er euch alle abknallen und euer Geld stehlen wird.

Angenommen, du hast eine Waffe. Und angenommen, du könntest Killer-Murphy nur dadurch von der Durchführung seines Plans abbringen, dass du ihn erschießt. Was würdest du tun? Ich wette, du würdest ihn erschießen. Du würdest vermutlich sogar behaupten, dass du *richtig* gehandelt hast.

Wie es aussieht, ist es also nicht *grundsätzlich* falsch, einen Menschen zu töten, oder? Wir finden zwar alle, dass man keinen anderen Menschen töten darf, doch die meisten würden einräumen, dass es auch Ausnahmen zu dieser Regel gibt. Das Töten ist nur *an sich* Unrecht.

Auch für andere moralische Prinzipien scheint es Ausnahmen zu geben. Wie steht es mit dem moralischen Prinzip, nicht zu lügen? Wenn Murphy dich fragen würde, ob es in der Nachbarschaft noch andere Leute gibt, die auszurauben sich lohnen würde, wäre es dann Unrecht, ihn in dieser Situation anzulügen? Ich glaube nicht.

Vielleicht fallen dir noch andere moralische Prinzipien ein, für die es Ausnahmen gibt. Kennst du zum Beispiel auch Fälle, in denen das Stehlen *nicht* unmoralisch wäre?

Woher kommt die Moral?

Wir haben über Moral gesprochen, über richtig und falsch. Nun zu meiner großen philosophischen Frage: *Woher kommt die Moral?* Es gibt verschiedene Antworten auf diese Frage. Nehmen wir nun drei davon genauer unter die Lupe.

Antwort eins: *Moral kommt von uns Menschen. Wir* selbst sind der Ursprung der Moral, von richtig und falsch. Was wir als »richtig« oder »falsch« ansehen, beruht nur darauf, was wir darüber denken oder fühlen. Dinge sind also nicht richtig oder falsch, unabhängig davon, was wir darüber denken oder fühlen.

Die zweite Antwort ist etwas kniffelig: *Moral kommt von Gott.* Gott hat festgelegt, was richtig und was falsch ist. Auch wenn wir Menschen etwas absolut nicht falsch fänden, dann wäre es *trotzdem* falsch, wenn Gott es so bestimmt hätte.

Die dritte Antwort lautet: *Dinge sind an sich richtig oder falsch,* egal, was wir darüber denken und fühlen und unabhängig davon, was Gott dazu meint.

Was denkst du?

Welche dieser drei Antworten hättest du gegeben? Meinst du, dass Moral nur widerspiegelt, was wir über eine Sache denken oder fühlen? Oder denkst du, Moral käme von Gott? Oder bist du der Ansicht, Dinge wären nun eben richtig oder falsch, egal, was wir oder selbst Gott davon halten? Untersuchen wir diese drei Antworten doch etwas genauer, um zu sehen, welche Antwort die richtige ist – falls es überhaupt eine richtige Antwort gibt.

Beginnen wir bei der Behauptung *Moral kommt von uns Menschen.*

Antwort Nr. 1: Moral kommt von uns Menschen.

Wie kann Moral von uns Menschen kommen? Es gibt zwei berühmte philosophische Theorien, die beide auf diesem Standpunkt beruhen.

Moral kommt von uns: Die Gefühlstheorie

Angenommen, Killer-Murphy sitzt an der Bar. Ein Cowboy kommt herein und bestellt ein Bier. Murphy bemerkt, dass die-

151

ser Cowboy nicht bewaffnet ist. Und er bemerkt auch, dass dieser ziemlich viel Geld bei sich hat.

Sobald der andere Cowboy sein Bier ausgetrunken hat und in die Wüste hinausreitet, folgt ihm Murphy heimlich. Und sobald Murphy sich sicher ist, dass er unbeobachtet ist, zieht er seine Pistole und erschießt den anderen von hinten.

Dann nimmt Murphy dem Cowboy alles Geld ab, reitet davon und lässt sein Opfer im Sand verbluten.
Angenommen, ich sehe mit an, wie Murphy den armen, unbewaffneten Cowboy hinterrücks erschießt. Ich würde sagen: »Was Murphy tut, ist falsch!«

Gemäß der Theorie, die ich die *Gefühlstheorie* nenne, würde ich, wenn ich sage »Was Murphy tut, ist falsch«, nur zum Ausdruck bringen, dass Murphys Tat ganz bestimmte *Gefühle* in mir hervorgerufen hat. Ich mache eine Aussage über *mich selbst*, wenn ich sage, dass ich Murphys Tun missbillige.

Das bedeutet: Wenn ich es missbillige, dann erhebe ich damit den Anspruch, dass das, was ich sage, wahr ist: Murphy tut etwas Falsches.

Ähnlich ist es, wenn ich jemanden sehe, der seine Schulden zurückzahlt, und sage: »Diese Person handelt richtig.« Dann sage ich, dass mir sein Tun gefällt.

Wie du siehst, kommt die Moral bei der *Gefühlstheorie* aus *uns selbst*. *Wir* machen die Dinge richtig oder falsch, je nachdem, ob wir sie gutheißen oder ablehnen.

Moral kommt aus uns selbst: Die Buh-Hurra-Theorie

Hier eine weitere Theorie, die ebenfalls besagt, dass die Moral von uns Menschen kommt. Bezeichnen wir sie als die *Buh-Hurra-Theorie*.

Wenn ich sage, dass etwas falsch ist, mache ich – wie wir vorhin gesehen haben – gemäß der Gefühlstheorie eine Aussage, die auf meinen jeweiligen Gefühlen in Bezug auf dieser Sache beruht. Gemäß der *Buh-Hurra-Theorie* mache ich jedoch keine *Aussage* in Bezug auf meine Gefühle. Ich bringe nur zum *Ausdruck*, was ich empfinde. Lass mich den feinen Unterschied erklären!

Angenommen, ich bin Zuschauer bei einem Schweinerennen.

Ich setze zehn Euro auf Pink Flash bei 10 : 1. Wenn Pink Flash gewinnt, gewinne ich also 100 Euro.

Das Rennen beginnt. Pink Flash startet etwas schwerfällig.

Und dann rennt eines der anderen Schweine, Honky Harry,
Pink Flash über den Haufen. Das macht mich natürlich wütend und ich rufe: »Honky Harry –
buh!« Doch Pink Flash rappelt sich
wieder auf. Er holt die anderen
Schweine sogar ein. Dann, nur noch
wenige Meter vor dem Ziel, stürmt
Pink Flash vor – und gewinnt!

Begeistert brülle ich:
»Pink Flash – Hurra!«

Überleg mal: Wenn ich
»Pink Flash – Hurra« rufe,
ist das, was ich rufe, dann unwahr oder wahr? Es ist natürlich weder – noch. Ich sage nichts Wahres. Ich sage aber
auch nichts Unwahres. Ich mache auch keine Aussage darüber, wie ich empfinde.
Was tu ich dann, wenn ich rufe: »Pink Flash – Hurra«? Ich
drücke aus, wie ich mich fühle. Ich drücke meine Freude aus.
Ähnlich ist es, wenn ich »Honky Harry – Buh« rufe. Wieder

drücke ich aus, wie ich empfinde. Ich bringe mein Missfallen über Honky Harrys Verhalten zum Ausdruck.

Gemäß der Buh-Hurra-Theorie passiert etwas Ähnliches, wenn ich mit ansehe, wie Killer-Murphy den anderen Cowboy erschießt und dann sage: »Was Murphy tut, ist falsch!« Das wäre so ähnlich, wie wenn ich sage: »Buh für Murphys Tat!« Ich drücke mein Missfallen über seine Tat aus.

BUH FÜR MURPHY!

Und wenn ich sage: »Schulden zurückzuzahlen ist richtig«, dann bedeutet das: »Hurra für das Zurückzahlen von Schulden!« Ich drücke meine Zustimmung aus. Doch auch in diesem Fall stelle ich keine *Aussage* darüber auf, wie ich empfinde. Ich drücke nur *aus*, wie ich empfinde.

Gemäß der Buh-Hurra-Theorie ist es weder wahr noch unwahr, dass das, was Murphy tut, falsch ist. Dieser Theorie zufolge ist es keine *Tatsache*, ob Murphys Tun falsch ist (genauso wenig wie es eine Tatsache war beim »Pink Flash – Hurra«).

Die Vargs

Wir haben gerade zwei Theorien untersucht, die beide besagen, dass Moral von uns Menschen kommt: Moral spiegelt nur wider, was wir in Bezug auf eine Sache *empfinden*. Was hältst du von diesen beiden Theorien? Welche von ihnen sagt dir mehr zu?

Wie den meisten modernen Philosophen liegen auch mir diese beiden Theorien etwas im Magen. Um dir meine Bedenken zu erklären, erzähle ich dir von den Vargs.

Das ist der Planet Varg, auf dem die Vargs leben.

Die Vargs sind intelligente Wesen wie wir. Und durch einen faszinierenden Zufall sprechen sie auch unsere Sprache. Sie kennen sogar Begriffe wie »richtig« und »falsch«.

Doch darüber, was richtig und was falsch ist, haben die Vargs ganz andere Vorstellungen als wir. Ihr wichtigstes moralisches Prinzip lautet: *Denk immer zuerst an dich!* Alle Vargs sind der Überzeugung, dass jeder von ihnen – soweit möglich – versuchen sollte zu bekommen, was er möchte, selbst wenn das auf Kosten eines anderen Vargs geht. Folglich halten sie es für richtig, zu stehlen und zu betrügen. Sie glauben sogar, dass es rechtens ist, wenn ein Varg einen anderen Varg umbringt, damit er bekommt, was er möchte. Das bedeutet natürlich nicht, dass die Vargs ständig stehlend, betrügend und mordend durch die Gegend rennen – sie tun das nur, wenn sie glauben, damit durchkommen zu können.

Da die Vargs der Meinung sind, dass jeder in erster Linie an sich selbst denken sollte, auch wenn es auf Kosten anderer geht, halten sie natürlich nichts von Nächstenliebe. Ja, schon bei der kleinsten Anwandlung von Nächstenliebe wird jeder Varg von Schuldgefühlen heimgesucht.

Einige Vargs sind sogar religiös: Sie glauben an einen Gott namens Vargy, von dem alle Moral ausgeht. Sonntags gehen diese Vargs in ihre Varg-Kirche, wo sie sich Predigten über die Tugend des Eigennutzes anhören.

UND GOTT VARGY SAGTE ZU IHNEN: »GESEGNET SEIEN DIE EIGENNÜTZIGEN, DENN IHRER IST DAS REICH VARGYS!«

Warum ich dir diese Geschichte erzähle? Nun, wenn es solche Geschöpfe wie die Vargs gäbe, dann gerieten wir sowohl mit der Gefühlstheorie als auch mit der Buh-Hurra-Theorie in enorme Schwierigkeiten.

Ein Problem mit der Gefühlstheorie

Warum wären Wesen wie die Vargs ein Problem für die Gefühlstheorie? Diese besagt, dass ich ein Urteil fälle, wenn ich sage: »Murphy tut etwas Falsches!« Ich missbillige Murphys Tun. Dadurch wird das, was ich sage, wahr: Murphy tut etwas Falsches.

Doch ein Varg würde natürlich sagen: »Was Murphy tut, ist richtig.« Wenn ein Varg dies sagt, bedeutet dies gemäß der Gefühlstheorie, dass er Murphys Tun gutheißt. Und das, was er gutheißt, wird dadurch automatisch auch wahr. Wir haben beide Recht! Folglich stimmen wir von Herzen überein!

Irgendwie kann das nicht stimmen. Denn wenn ich sage: »Murphys Tat ist falsch «, und der Varg sagt: »Murphys Tat ist richtig«, dann widersprechen wir einander ja. Wir können nicht *beide* Recht haben. Und da wir einander widersprechen, muss die Gefühlstheorie falsch sein.

Ein Problem mit der Buh-Hurra-Theorie

Warum stellen die Vargs auch für die Buh-Hurra-Theorie ein Problem dar?

Wenn ich sage: »Murphys Tun ist falsch!«, dann stelle ich gemäß der Buh-Hurra-Theorie keine Behauptung auf. Ich *drücke* nur *aus*, wie ich mich fühle. Es ist dasselbe, als würde ich sagen: »Buh für Murphys Tun!« Wenn ein Varg sagt: »Hurra für Murphy!«, dann fällt er auch kein Urteil. Er drückt nur aus, was er empfindet.

Doch wer von uns hat gemäß der Buh-Hurra-Theorie nun Recht in Bezug auf Murphys Tat? Keiner von uns! Es gibt keinen Sachverhalt, bezüglich dessen wir Recht haben könnten! Was ich sage, ist gemäß dieser Theorie nicht »wahrer« als das, was der Varg sagt.

Doch ergibt sich daraus nicht ein Problem für die Buh-Hurra-Theorie? Denn wenn ich sage: »Was Murphy tut, ist falsch!«, drücke ich *nicht* nur aus, was ich empfinde. Ich fälle sehr wohl ein Urteil. Ich gehe davon aus, dass mein Urteil *richtig*, das des Varg hingegen *falsch* ist. Ich gehe von dem Sachverhalt aus, ob Töten falsch ist oder nicht. Ich gehe sogar davon aus, dass der Varg sich hinsichtlich dieses Sachverhalts *täuscht*.

Doch wenn das wahr ist – wenn ich mit meiner Aussage ein Urteil fälle, das Urteil, dass ich Recht habe –, dann muss auch die Buh-Hurra-Theorie falsch sein.

Wenn ich es mir recht überlege: Ist es im Grunde genommen nicht klar, dass die Moral *nicht* aus uns selbst kommen kann? Schließlich ist es eine Tatsache, dass das Töten *an sich* falsch ist, egal, was wir oder die Vargs darüber denken mögen. Selbst wenn wir zufällig derselben Meinung wären wie die Vargs und fänden, dass Töten nichts Schlimmes wäre, wäre die Tatsache des Tötens *immer noch* falsch, oder? Wie kann das sein?

Antwort Nr. 2: Moral kommt von Gott

Wir beschäftigen uns noch immer mit der Frage, woher die Moral kommt. Bisher haben wir uns mit der Antwort beschäftigt, dass sie *aus uns Menschen* kommen könnte. Doch dies scheint nicht richtig sein. Wenden wir uns deshalb der nächsten Antwort zu.

Viele Menschen meinen, dass das Töten *an sich* Unrecht ist, ungeachtet unserer eigenen Meinung zu diesem Thema, einfach weil *Gott* es für Unrecht hält.
Das Töten ist Unrecht, weil Gott es missbilligt.

Die Moral kommt von Gott.

TÖTEN IST UNRECHT!

Wie finden wir heraus, was richtig oder falsch ist?

Woher können wir wissen, was Gott missbilligt? Viele würden auf diese Frage antworten: Das wissen wir aus heiligen Büchern wie der Bibel oder dem Koran. Im Alten Testament der Bibel stehen die Zehn Gebote, die Gott für Moses damals auf zwei Steintafeln geschrieben haben soll.

Und eines dieser Zehn Gebote lautet bekanntlich: *Du sollst nicht töten.*

Die Theorie: Die Moral kommt von Gott

Kommt die Moral also von Gott? Sind Dinge richtig oder falsch, weil Gott es gesagt hat?
Neulich hörte ich einen Sprecher im Radio. Dieser Mann wollte die Menschen überzeugen, die nicht an Gott glauben. Wenn es keinen Gott gibt, sagte er, kann es auch keine wahre Moral geben. Wer an die Moral glaube, *müsse* auch an Gott glauben. Folgendes hat der Mann gesagt:

> WENN ES KEINEN GOTT GIBT, DER ENTSCHEIDET, WAS RICHTIG ODER FALSCH IST, DANN MÜSSEN WIR DIES SELBST ENTSCHEIDEN. DOCH WAHRE MORAL IST NICHTS, WORÜBER WIR SELBST ENTSCHEIDEN KÖNNEN. WAS RICHTIG UND WAS FALSCH IST, IST EINE UNABHÄNGIGE TATSACHE. TÖTEN IST UNRECHT, EGAL, WAS WIR DARÜBER DENKEN ODER FÜHLEN. DA DAS TÖTEN AN SICH FALSCH IST, DANN NUR, WEIL ES EINEN GOTT GIBT, DER DAS GESAGT HAT. MORAL MUSS VON GOTT KOMMEN. WENN SIE ALSO AN DIE MORAL GLAUBEN, DANN MÜSSEN SIE AUCH AN GOTT GLAUBEN.

Nennen wir dies die *Moral-muss-von-Gott-kommen-Theorie*. Sie ist zweifellos weit verbreitet. Ich habe sie schon aus dem Munde vieler Leute gehört. Doch ist sie wirklich stichhaltig?

Angenommen, Gott hätte gesagt, Töten wäre richtig . . .

Die *Moral-muss-von-Gott-kommen-Theorie* ist keineswegs stichhaltig, wie ich gleich erklären werde.

Der Mann im Radio sagte, das Töten sei Unrecht, *weil* Gott es gesagt habe. Durch diese Aussage Gottes *wird* das Töten zu einem Unrecht.

Doch dies bedeutet auch, *dass Töten in Ordnung wäre, wenn Gott es gesagt hätte.* Das kann doch nicht stimmen, oder? Frag dich einmal selbst: Wenn Gott gesagt hätte, Töten wäre in Ordnung, wäre es das dann wirklich?

Nein, das kann nicht sein. Selbst wenn Gott gesagt hätte, wir *sollen* töten, dann wäre es doch immer noch nicht okay, mordend durch die Gegend zu rennen.

Der Mann im Radio argumentierte folgendermaßen: Moral kann nicht von uns kommen, denn *wir* können das Töten nicht zu einem Recht machen, indem wir es einfach für erlaubt erklären. Dem Mann im Radio ist es entgangen, dass genau dasselbe auch für Gott gilt. Töten ist Unrecht, egal, was Gott dazu sagen würde. Aus genau diesem Grund kann die Moral auch nicht von Gott kommen.

Antwort Nr. 3: Dinge sind an sich richtig oder falsch

Wir sind immer noch bei der Frage »Woher kommt die Moral?«. Zwei verschiedene Antworten haben wir schon untersucht. Die eine lautete: Moral kommt von uns Menschen, die andere: Moral kommt von Gott. Doch keine dieser Antworten scheint stichhaltig zu sein. Beschäftigen wir uns nun mit der dritten Antwort: *Dinge sind an sich richtig oder falsch,* unabhängig davon, was wir davon halten.

Objektive moralische Tatsachen

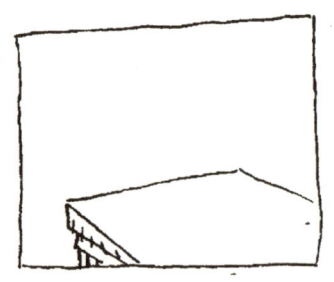

Wer behauptet, das Töten sei an sich falsch, unabhängig davon, was wir davon halten, stellt das Unrecht des Tötens als eine *objektive Tatsache* dar.
Was ist eine *objektive Tatsache*? Hier ein Beispiel: Angenommen, ich denke, dass auf dem Tisch hinter mir ein Kugelschreiber liegt.
Was ich glaube, kann stimmen oder auch nicht. Angenommen, es stimmt.
Doch allein die entsprechende *Tatsache* – nämlich dass tatsächlich ein Kugelschreiber auf dem Tisch liegt – macht das, was ich glaube, wahr oder unwahr.

WAS ICH GLAUBE, STIMMT.   WAS ICH GLAUBE, STIMMT NICHT.

Das ist eine *objektive* Tatsache. Das bedeutet: Es ist eine Tatsache, dass ein Kugelschreiber auf dem Tisch liegt, egal, ob ich oder sonst jemand weiß, dass er dort liegt, und unabhängig davon, was ich oder sonst jemand darüber denken oder fühlen mag. Der Kugelschreiber auf dem Tisch ist eine Tatsache der »äußeren« Welt, eine unumstößliche Tatsache, an der niemand etwas rütteln kann.

Nun könntest du vielleicht behaupten, dass es ebenfalls eine objektive Tatsache ist, dass Killer-Murphys Tat Unrecht war.

UNRECHT

Ich persönlich glaube, dass es Unrecht war. Meine Überzeugung wird durch eine entsprechende Tatsache wahr: die Tatsache, dass Murphys Tun falsch war. Das ist eine *objektive Tatsache*: Sie geschah in der äußeren Welt, unabhängig davon, was ich oder sonst jemand darüber denken oder fühlen könnte. Und selbst wenn niemand Murphys Tat für falsch halten würde, bliebe sie *trotzdem falsch*.

Wenn es objektive moralische Tatsachen gibt, dann würde die richtige Antwort auf die Frage »Woher kommt die Moral?« lauten: *Nicht von uns, nicht von Gott oder sonst jemandem.* Die Moral liegt »außerhalb«: Sie ist unabhängig *von uns allen.*

Und das hört sich doch ganz überzeugend an, nicht wahr? Denn selbst wenn wir, die Vargs und Gott beschlossen hätten, das Töten sei in Ordnung . . .

. . . wäre es *trotzdem* falsch, nicht wahr? Deshalb sieht es ganz so aus, als gäbe es tatsächlich so etwas wie objektive moralische Fakten.

Wie nehmen wir Unrecht wahr?

Die Theorie, dass es objektive moralische Tatsachen gibt, wirft allerdings ein paar Probleme auf. Das bekannteste lautet: Wie *entdecken* wir diese Tatsachen? Oder anders ausgedrückt: Wie nehmen wir dieses Merkmal Unrecht wahr, das dem Töten und Stehlen innewohnt?

Um dieses Problem zu erklären, erzähle ich dir wieder eine kleine Geschichte. Es geht darin um zwei Marsbewohner, die die Erde besuchen.

Die Besucher vom Mars

Eines Tages landen zwei Marsbewohner –
Flib und Flob –
in meinem Garten.

Flib und Flob sind uns Menschen sehr ähnlich. Sie haben ebenfalls Augen und Ohren, Mund und Nase, zwei Arme und zwei Beine.

Flib und Flob bieten mir an mich in ihrer fliegenden Untertasse zu einem Rundflug über die Stadt mitzunehmen. Ich steige ein und wir heben ab. Unterwegs blicken wir aus dem Fenster auf die Stadt unter uns.

Flib und Flob machen ihre Untertasse unsichtbar, damit niemand uns sehen kann, als wir über die Dächer hinweggleiten. Wir drehen unsere Runde und betrachten die Tauben. Doch als wir über eine schmale Straße am Stadtrand fliegen, zucke ich zusammen. Ich sehe einen jungen Mann, der einer alten Frau, die vom Einkaufen nach Hause geht, die Tasche zu entreißen versucht. Aufgeregt mache ich die Marsbewohner darauf aufmerksam.

»Schaut!«, rufe ich. »Dieser Mann versucht der Frau ihre Tasche zu stehlen. Das ist Unrecht!«

Doch Flib und Flob runzeln die Stirn. Flob sagt: »Ach ja? Unrecht? Wir verstehen das irdische Gerede von Recht und Unrecht nicht. Kannst du es uns zeigen, dieses Unrecht?«

Wo ist das Unrecht?

»Schaut doch!«, wiederhole ich und zeige auf den Dieb.
»*Seht* ihr denn nicht, dass dieser Mann etwas Unrechtes tut?
Doch Flib und Flob können das Unrechte seines Tuns *nicht*
erkennen.

»Nein«, antwortete Flob. »Wir haben dieselben Augen wie
du. Doch dass du davon sprichst, dass man Unrecht *sehen*
kann, finden wir sehr merkwürdig. Was ihr Erdenbürger
Unrecht nennt, können wir beim besten Willen nicht sehen.
Wo steckt es bitte?«

Die Marsianer blicken mich erwartungsvoll an. Ich frage
mich, worauf sie hinauswollen. Schließlich ergreift Flob erneut das Wort.

»Wir haben fünf Sinne, genau wie ihr Erdenmenschen. Wir
können ebenfalls sehen und hören. Wir riechen und schmecken Dinge. Und wir haben denselben Tastsinn. Doch diese
fünf Sinne erlauben es uns nicht, das wahrzunehmen, was
du als *Unrecht* bezeichnest. Das finden wir sehr mysteriös.
Deshalb würden wir gerne wissen: *Wo* ist dieses Unrecht?
Bitte, zeig es uns! Erkläre uns, wie Menschen es wahrnehmen. Mit welchem eurer Sinne erkennt ihr es?«

Nun dämmert es mir, worauf Flib und Flob hinauswollen.
Sicher, Unrecht kann man nicht auf dieselbe Weise sehen
wie zum Beispiel die Farbe Rot. Rot kann man sehen – zum
Beispiel an einer Tomate. Unrecht hingegen ist unsichtbar.

DER HAW-Scanner

Ich blicke wieder zu dem Mann hinunter, der noch immer versucht der armen Frau ihre Einkaufstasche zu entreißen. Ich muss zugeben, dass ich nicht genau sagen kann, *wie* ich spüre, dass der Mann etwas Unrechtes tut. Aber trotzdem bin ich mir ziemlich sicher, dass es so ist. Deshalb mache ich einen weiteren Versuch, den Marsbewohnern das Unrechte seines Tuns zu erklären.

»Schaut! Der Mann stiehlt der Frau ihre Tasche! *Das* seht ihr doch, oder?«

Flob sagt, dass sie *das* natürlich sehen.

»Gut, also Stehlen ist *Unrecht*, versteht ihr?«

Flib und Flob verstehen nicht. Flib fragt: »Aber *wo* ist denn nun das Unrecht? Das, was du Unrecht nennst, können wir nicht wahrnehmen, wenn wir einen Menschen etwas stehlen sehen. Auch unser Hochleistungs-Scanner zeichnet dieses Unrecht nicht auf.«

Flib deutet auf ein riesiges Gerät in einer Ecke, das mich an eine Kanone erinnert.

»Das ist unser HAWS – ein Hochauflösungs-Weltraum-Scanner, der leistungsfähigste und effizienteste Scanner im ganzen Universum. Es gibt nichts in der materiellen Welt, das der HAWS nicht aufspüren könnte! Doch diese Sache, die du *Unrecht* nennst, kann nicht einmal unser HAWS aufspüren. Wir werden es dir zeigen.«

Flib und Flob richten den HAWS auf die Stelle, an der gerade der Überfall stattfindet.

Sie drücken auf einen roten Knopf. Ein leises Summen ertönt, während der

Scanner aufzuzeichnen beginnt, was sich unten auf der Straße abspielt.

»Siehst du?«, sagt Flib und deutet auf die vielen Messinstrumente seitlich am HAWS. »Wir können weit und breit kein Unrecht aufspüren. Nicht die Bohne!«

»Bitte, zeig uns dieses Unrecht«, fährt Flib fort. »Wir sind Forscher. Wir suchen Wissen. Wir suchen nach einer vollständigen Theorie für dieses Universum. Wir wollen keinen Faktor auslassen. Doch dieser Sache, die du Unrecht nennst, kommen wir einfach nicht auf die Spur.«

»Die Frau ist aufgebracht . . .«

Mir bleibt nichts anderes übrig, als einen neuen Versuch zu starten, um ihnen die Sache mit dem Unrecht klarzumachen. »Schaut, die Frau dort unten ist sehr aufgebracht. In der Tasche ist all ihr Geld. Wenn sie ihre Tasche nicht mehr hat, kann sie sich nichts mehr kaufen. Seht ihr denn nicht, wie entsetzt und verängstigt sie ist?«

»Oh, das wissen wir schon«, erklärt Flib. »Die Fakten sind uns alle bekannt. Wir wissen, dass der Mann ihr die Tasche zu stehlen versucht, dass sich in der Tasche all ihr Geld befindet und dass der Mann ihr große Angst macht. Doch du scheinst noch einen *zusätzlichen* Faktor wahrzunehmen, die Tatsache, dass der Mann Unrecht begeht. Wenn du diesen zusätzlichen Faktor irgendwo sehen kannst, dann zeig ihn uns bitte. Wir können ihn nicht aufspüren.«

Ist-Tatsachen und Soll-Tatsachen

Ich kratze mich am Kopf. »Was meint ihr damit, wenn ihr sagt, dass die Tatsache, dass der Mann etwas Unrechtes tut, ein *zusätzlicher* Faktor ist?«

Flob erklärt es mir. »Wenn ihr Erdlinge sagt, dass jemand etwas Unrechtes tut, meint ihr damit, dass er es nicht tun dürfte, stimmt's?«

»Ja, das stimmt.«

»Gut«, fährt Flob fort. »Die Tatsache, dass jemand etwas Unrechtes tut, ist eine ganz andere Art von Tatsache als die Tatsachen, die wir beobachten können. Genau wie du können wir den Vorfall *beobachten*. Wir sehen, dass der Mann eine Tasche zu stehlen versucht. Wir sehen, dass die Frau sich darüber sehr aufregt. Und so weiter . . .«

Ich nicke nur. Flob spricht weiter.

»Doch die Tatsache, dass der Mann dort unten etwas Unrechtes tut, ist mit Sicherheit eine zusätzliche Tatsache zu all den anderen Tatsachen, die den Vorgang betreffen. Denn wenn du sagst, dass der Mann etwas Unrechtes tut, meinst du ganz klar *mehr* als das, was er tatsächlich *tut*. Du sagst indirekt, dass er das *nicht tun dürfte*. Deshalb redest du nicht mehr nur von dem Vorgang.«

Ich muss Flob zustimmen. Die Tatsache, dass der Mann etwas Unrechtes tut, scheint in der Tat ein zusätzlicher Faktor zu sein, der über den eigentlichen Vorfall hinausgeht.

»Du verstehst also«, fährt Flob fort. »Wir können nur beobachten, was vor sich geht. Und all die Fakten, die diesen Vorfall kennzeichnen, lassen die Frage völlig offen, ob der Mann so handeln *darf oder nicht*. Bitte erkläre uns, wie du den zusätzlichen Faktor wahrnimmst, dass der Mann das, was er tut, *nicht tun dürfte*. Wie spürst du, dass er etwas *Unrechtes* tut?«

Wie nehme ich Unrecht wahr?

Ich blicke wieder nach unten. Der Mann ist noch immer dabei, der Frau ihre Tasche entreißen zu wollen. Ich blicke auf Flib und Flob, die enttäuscht ihre grünen Augenbrauen heben.

»Tut mir Leid«, sage ich betreten. »Ich weiß nicht, *wie* ich Unrecht wahrnehme. Ich kann es weder sehen noch hören oder fühlen, schmecken oder ertasten. Doch ich weiß *irgendwie*, dass es Unrecht ist.«

Der Unrecht-Detektor

Ein berühmter Philosoph namens G. E. Moore hat versucht das Problem zu lösen, wie wir Unrecht wahrnehmen. Er nahm an, dass wir außer unseren fünf Sinnen noch eine Art *zusätzlichen* Sinn haben – einen sechsten Sinn. Unrecht kann man nicht sehen, hören, schmecken, riechen oder ertasten. Doch mit unserem sechsten Sinn *können* wir es wahrnehmen. Diesen sechsten Sinn wollen wir unseren *Unrechts-Detektor* nennen.

Du kannst ihn dir in etwa wie eine Antenne vorstellen. Genau wie Seeleute mit einer Radioantenne ein unter den Wellen verstecktes U-Boot aufspüren können, können wir mit unserem Unrechts-Detektor spüren, wenn jemand etwas Unrechtes tut – obwohl unsere fünf Sinne uns nichts darüber mitteilen.

Das Unrecht, das der Dieb unten auf der Straße beging, habe ich folglich mit meinem Unrechts-Detektor wahrgenommen. Warum waren Flib und Flob nicht auch dazu in der Lage? Ganz einfach – weil sie natürlich keinen Unrechts-Detektor haben.

Hat Moore das Problem damit gelöst? Nein, nicht wirklich, fürchte ich. Moore hat nur gesagt, dass wir dank eines merkwürdigen Mechanismus, des Unrechts-Detektors, in der Lage sind, Unrecht wahrzunehmen. Doch wie dieser Detektor genau funktionieren soll, ist und bleibt ein Rätsel.

Zurück zum Anfang?

Wir haben die Ansicht untersucht, dass es objektive moralische Fakten gibt. Wenn es objektive moralische Fakten gibt, dann liegt Unrecht »außerhalb«. Unrecht ist eine Eigenschaft, die dem Tatbestand des Stehlens *an sich* innewohnt, egal, was irgendjemand darüber denken mag.

Wir haben auch gesehen, dass diese Sicht der Dinge ein großes Problem aufwirft. Wenn Unrecht wirklich »außerhalb« ist, dann wäre es eine sehr merkwürdige, unaufspürbare Sache. Wenn Unrecht wirklich »außerhalb« wäre, wie sollten wir dann überhaupt in der Lage sein, davon zu wissen?

Da ich jedoch sehr wohl wahrnehmen *kann*, wenn jemand etwas Unrechtes tut, ist es wiederum keine objektive Tatsache, dass dieses Tun Unrecht ist.

Der Vorteil der Ansicht, dass die Moral von uns kommt

Es sieht ganz so aus, als müssten wir wieder zu unserem Ausgangspunkt zurückkehren, dem Punkt, dass die Moral letztendlich doch *von uns selbst* kommt. Denn dieser Punkt bietet den großen Vorteil, dass er genau erklärt, warum Flib und Flob das Unrecht im Tun des Diebs nicht wahrnehmen konnten.

Erinnerst du dich an die Buh-Hurra-Theorie? Sie erklärt eindeutig, warum Flib und Flob die Tatsache nicht finden können, die meine Aussage wahr macht, wenn ich sage: »Dieser Mann tut etwas Unrechtes!« Denn gemäß dieser Theorie habe ich nur mein Gefühl *ausgedrückt*. Es ist, als hätte ich gerufen: »Buh für das, was dieser Mann tut!« Ich fälle keinerlei Urteil. Was ich sage, ist also *weder wahr noch falsch*.

Doch das bedeutet auch, dass Flib und Flob *sich die ganze Mühe hätten sparen können*. Sie haben verzweifelt nach dem »Faktor« gesucht, der das, was ich sagte, »wahr« gemacht hätte.

Und einen solchen Faktor gibt es natürlich *nicht*.

Auch die Gefühlstheorie erklärt klar und deutlich, warum Flib und Flob den Faktor nicht entdeckt haben, der das, was ich sage, wahr gemacht hätte. Wenn ich gemäß der Gefühlstheorie zu Flib und Flob sage: »Dieser Mann tut etwas Unrechtes!«, ist das, was ich sage, wahr. Dies wird durch eine Tatsache bestätigt. Doch es wird *nicht* durch eine objektive moralische Tatsache bestätigt. Es wird nicht bestätigt durch die Tatsache, wie die Dinge »dort draußen«, auf der anderen Seite des Fensters, sind. Die Tatsache, die meine Worte bestätigt, ist eine *Tatsache über mich* – die Tatsache, dass ich das Tun des Mannes missbillige.

Daher können Flib und Flob den Faktor natürlich nicht finden, der das, was ich sage, wahr macht: Sie suchen an der falschen Stelle. Sie schauen zum Fenster hinaus. Doch um zu entdecken, wonach sie suchen, müssten sie sich umdrehen und *mich* erforschen.

Der Überblick

Wir haben eine recht lange und komplizierte philosophische Reise hinter uns gebracht. Vielleicht fühlst du dich jetzt ein bisschen verloren. Doch treten wir wieder einen Schritt zurück, um zu sehen, wo wir überall waren. Verschaffen wir uns einen Überblick.

Die große philosophische Frage, der wir nachgingen, lautete: *Woher kommt die Moral?* Kommt sie *von uns Menschen*? Oder kommt sie *von Gott*? Oder gibt es *objektive moralische Fakten*? Das heißt, sind Dinge *an sich* richtig oder falsch, unabhängig davon, was Gott oder sonst jemand dazu sagt?

Bei unserem Versuch, diese Frage zu beantworten, stießen wir auf ein Problem – ein sehr berühmtes philosophisches Problem. Das Problem ist, dass wir uns plötzlich in zwei verschiedene Richtungen gezogen fühlen. Auf der einen Seite sieht es ganz so aus, als *müsse* es objektive moralische Fakten geben. Andererseits sieht es jedoch so aus, als *könne* es sie nicht geben.

Warum *muss* es objektive moralische Fakten geben? Wenn wir sagen: »Töten ist Unrecht«, fällen wir ein Urteil, das von einer Tatsache wahr gemacht wird: der Tatsache, dass Tö-

ten Unrecht ist. Und diese Tatsache ist eine *objektive Tatsache*. Töten ist mit Sicherheit *an sich* falsch, egal, was wir oder die Vargs oder Gott darüber denken mögen. Und selbst wenn wir, die Vargs und Gott der Überzeugung wären, Töten wäre okay ...

... dann wäre es *immer noch* Unrecht.

Warum *kann* es keine objektiven moralischen Fakten geben? Nun, wie Flib und Flob schon erwähnt haben: Wenn Unrecht »dort draußen« wäre – wenn es eine Eigenschaft wäre, die dem Töten *an sich* innewohnt, unabhängig davon, was irgendjemand darüber denkt –, dann stehen wir vor einem unlösbaren Rätsel: Wie *nehmen* wir diese Eigenschaft *wahr*? Offenbar können wir das nicht. Doch in diesem Fall würden wir nicht wissen, dass das Töten Unrecht ist. Doch da wir *wissen*, dass das Töten Unrecht ist, kann es keine objektive moralische Tatsache sein.

Wie können wir dieses Rätsel lösen?

Darüber diskutieren die Philosophen bis heute. Und ich gebe zu, dass ich ziemlich durcheinander bin. Ich begreife einfach nicht, woher die Moral kommt. Wie steht es mit dir?

7. Abenteuer

WAS IST GEIST?

Mein Geist

Das bin ich.

Und das ist ein Backstein.

Ein großer Unterschied zwischen mir und dem Backstein ist der, dass ich im Gegensatz zu ihm einen *Geist*, einen *Verstand* habe.

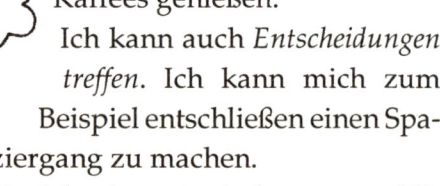

Doch was geht in meinem Geist vor sich? Nun, da ich einen typischen menschlichen Geist habe, kann ich *Dinge erleben*. Ich kann zum Beispiel den Geschmack einer Marmelade und den Duft frischen Kaffees genießen.

Ich kann auch *Entscheidungen treffen*. Ich kann mich zum Beispiel entschließen einen Spaziergang zu machen.

Da ich einen typischen menschlichen Geist habe, habe ich auch *Gefühle* (z. B. Schmerzen) und kann *Probleme lösen* (z. B. auch ein Kreuzworträtsel). Ich kann mich auch an Dinge *erinnern, Gefühle empfinden*

und etwas *glauben* (z. B., dass es gleich regnen wird).

Der Backstein hingegen kann das alles nicht.

Der Verstand einer Fledermaus

Natürlich haben nicht nur Menschen einen Verstand. Nehmen wir zum Beispiel Fledermäuse. Auch sie haben einen Verstand, allerdings einen völlig anderen als wir Menschen.

Um sich räumlich zu orientieren, benutzen Fledermäuse die Echopeilung. Hierfür stoßen sie sehr hohe Töne aus, so hoch, dass sie für das menschliche Ohr unhörbar sind.

Diese Töne werden von den in der Nähe befindlichen Gegenständen als Echo zurückgeworfen, was die Fledermaus mit ihren großen, sehr empfindlichen Ohren hört. Dank der Lautstärke, der Richtung, aus der das Echo kommt und der Zeit, die es dauert, bis das Echo zurückkommt, kann sich die Fledermaus ein Bild ihrer Umwelt machen.

Dank der Echopeilung kann die Fledermaus quasi »sehen«, selbst wenn es stockdunkel ist. Sie kann durch die Nacht fliegen, ohne irgendwo anzustoßen.

Ich würde zu gern wissen, was im Kopf einer Fledermaus abläuft! Wie wirkt die Welt auf ein Tier, das durch Echopeilung »sieht«? Dabei muss die Fledermaus doch sonderbare Erfahrungen machen. Jedenfalls ganz andere als wir Menschen.

Das Gehirn

Ich habe nicht nur einen *Geist*.
Ich habe auch ein *Gehirn*,
ein schwammiges, graues Organ.
Es befindet sich in meinem Kopf,
direkt zwischen den Ohren.

Atome und Moleküle

Das Gehirn ist natürlich ein physikalischer Gegenstand und gehört zur physischen Welt. Und genau wie alle anderen physikalischen Dinge besteht mein Gehirn aus *Materie*.

Materielle Dinge bestehen aus winzigen Teilchen, so genannten *Atomen*, die sich wiederum zu etwas größeren Teilchen namens *Molekülen* zusammenfügen. Jede materielle

Sache – ob nun Gehirn, Erdnuss, diese Buchseite, ein Schreibtisch oder der ganze Planet Erde – besteht aus Atomen und Molekülen.

Zellen

Ein lebender Organismus besteht aus winzigen Teilchen namens *Zellen*.

Dein Körper besteht aus vielen *Billionen* Zellen. Die Zellen, aus denen dein Gehirn und deine Nervenbahnen bestehen, nennt man *Neuronen*. So sieht ein Neuron aus:

Allein dein Gehirn besteht aus hundert Milliarden Neuronen. Das sind etwa so viele Neuronen wie unsere Galaxie Sterne hat! Und jedes dieser Neuronen besteht wiederum aus Atomen und Molekülen.

Wie Geist und Gehirn interagieren

Was macht das Gehirn? Die Alten Griechen dachten, es sei nur ein Organ, um das Blut abzukühlen (so ähnlich wie der Kühler in einem Auto).

Heutzutage wissen wir natürlich, dass das Gehirn einen ganz anderen Zweck erfüllt. Wir wissen, dass es eng mit dem Geist verknüpft ist. Wir wissen, dass das, was im Gehirn passiert, Einfluss darauf hat, was im Geist geschieht, während das, was im Geist passiert, ebenfalls Einfluss darauf hat, was im Gehirn geschieht.

Durch die Einnahme von Medikamenten kann man zeigen, wie Vorgänge im Gehirn beeinflussen, was in unserem Geist geschieht.

Eine sanfte Variante wären Schmerztabletten. Du brauchst nur eine zu nehmen und schon lässt der Schmerz nach.

Die Wissenschaftler haben auch entdeckt, dass man durch direkte Stimulierung des Gehirns auf unterschiedliche Art ganz bestimmte Erfahrungen hervorrufen kann, wie zum Beispiel visuelle Erfahrungen. Ein leichter Stromstoß an einer bestimmten Stelle am Hinterkopf bewirkt, dass der Betreffende auf einmal einen grellen Lichtblitz sieht.

Vorgänge im Gehirn können also zweifellos den Geist und das Bewusstsein beeinflussen. Und das gilt auch umgekehrt. Was im Geist passiert, beeinflusst das Gehirn.

Ein Wissenschaftler wird dir zum Beispiel erklären, was in deinem Gehirn passiert, sobald du beschließt diese Seite umzublättern. Dein Gehirn sendet elektrische Impulse in deine Armmuskulatur. Diese Impulse veranlassen die Muskeln zu einer Bewegung, deine Hand hebt sich und blättert weiter . . .

. . . siehst du? Dein Arm hat sich nur bewegt, weil in deinem Gehirn etwas passiert ist.

Die Wissenschaftler haben also bewiesen, dass Geist und Gehirn eng miteinander verbunden sind. Doch die meisten Vorgänge im Gehirn bleiben ein Rätsel. Denn das Gehirn ist *unglaublich* komplex. In ihm surrt es nur so vor chemischen und elektrischen Aktivitäten.

Der Geist ist Privatsache

Hier eine ganz merkwürdige Tatsache über den Geist: Er ist auf höchst sonderbare Weise *verborgen*. Angenommen, ich betrachte etwas Rotes, zum Beispiel meinen roten Kugelschreiber. Niemand anderer kann in meinen Verstand kriechen und mein Erleben mit der Farbe Rot mit mir teilen. Dieses Erleben gehört nur *mir* allein.

Andere Menschen können natürlich dieselbe Erfahrung machen *wie ich*. Wenn du dir meinen roten Kugelschreiber anschaust, hast du wahrscheinlich eine ähnliche Empfindung in Bezug auf die Farbe. Doch deine Empfindung gehört dir und meine gehört mir.

Mit anderen Worten: Es ist, als wäre mein Geist von einer superdicken Mauer umgeben: einer Mauer, die kein anderer übersteigen kann.

All mein Erleben, meine Gedanken, Gefühle usw. liegen hinter dieser Mauer verborgen.

Mein Geist ist wie ein geheimer Garten, ein verborgener Ort, den nur ich selbst durchstreifen kann.

Das Innere meines Geists ist für andere völlig unzugänglich, unzugänglicher als das Innere meines Gehirns. Gehirnchirurgen können mein Gehirn röntgen. Sie könnten mir sogar den Schädel aufschneiden und nachschauen, was in meinem Gehirn vor sich geht. Doch in das Reich meines Geists kann nicht einmal ein Gehirnchirurg eindringen. Selbst

wenn ein Wissenschaftler vorhin, als ich meinen Kugelschreiber betrachtet habe, in mein Gehirn geblickt hätte,
hätte er meine Erfahrung in Bezug auf die Farbe nicht mit-
bekommen. Er hätte nichts Rotes entdeckt, sondern nur eine
wabbelige, graue Masse.

Genau dasselbe gilt für den Geist einer Fledermaus. Es ist
uns nicht möglich, in ihren Kopf einzudringen und herauszufinden, wie es ist, eine Fledermaus zu sein. Selbst wenn
wir über die Abläufe in einem Fledermausgehirn physikalisch absolut alles wüssten, was es zu wissen gibt, wenn sie
einen Gegenstand durch Echopeilung »sieht«, wüssten wir
immer noch nicht, was für ein Erleben es *im Kopf der Fledermaus* tatsächlich ist. Wir wüssten noch immer nicht, wie es
ist, die Welt als Fledermaus zu erleben.

Die große Frage: Was ist Geist?

Kommen wir nun zur großen philosophischen Frage dieses
Kapitels. Sie lautet: Was genau ist der *Geist*? Was ist dieses
Ding, das bewusst ist, das denkt, genießt, sich glücklich
fühlt, Wut und andere Gefühle hat, Hoffnungen und Ängs-
te kennt, Entscheidungen trifft und so weiter?

Untersuchen wir nun zwei sehr unterschiedliche Antworten, die Philosophen auf diese Frage gegeben haben.

Die erste Antwort lautet: Der Verstand ist irgendwie *Teil der materiellen Welt.* Doch wie kann das sein? Nun, zum einen könnte das, was in deinem Geist vorgeht, genau *dasselbe* sein wie das, was in deinem Gehirn vorgeht. Vielleicht sind deine Gedanken, Gefühle, Emotionen, dein Erleben und so weiter nichts anderes als ganz bestimmte, in deinem Gehirn ablaufende physikalische Prozesse. Vielleicht *sind* Geist und Gehirn dasselbe.

Die zweite Antwort lautet: Der Verstand ist *von der stofflichen Welt getrennt.* Gehirn und Geist mögen sich gegenseitig beeinflussen, doch sie sind mit Sicherheit *nicht identisch.*

Dieser zweiten Antwort zufolge wären unsere Gedanken, Gefühle, Emotionen, unser Erleben und so weiter etwas *Zusätzliches*: etwas, das über die ständigen Aktivitäten in unserem Gehirn hinausgeht.

Welche dieser beiden Antworten hältst du für überzeugender?

Aisha und Kobir

Erinnerst du dich an Aisha? Neulich traf sie Kobir, einen gemeinsamen Freund von uns. Kobir studiert Naturwissenschaften.

Aisha und Kobir gingen zusammen einen Kaffee trinken. Und wie du gleich sehen wirst, kamen sie auf den Geist zu sprechen. Kobir hält den Geist für etwas Physisches. Aisha hingegen ist davon überzeugt, dass der Geist etwas darüber Hinausgehendes ist, etwas, das über die rein stoffliche Welt hinausgeht.

Kobir: Hmmm, das tut gut.

Aisha: Stimmt. Ich liebe Kaffee. Aber erzähl, was hast du heute Morgen gemacht?

Kobir: Ich war in einer Vorlesung von Dr. Jones über das Gehirn.

Aisha fragte Kobir, worüber es bei dieser Vorlesung genau gegangen war.

185

Kobir: Heute hat Dr. Jones erklärt, wie all unser Erleben in der Welt von unseren Sinnesorganen verursacht wird – Haut, Augen, Nase, Ohren und Zunge –, die elektrische Impulse an das Gehirn senden.

Aisha: Wirklich?

Kobir: Ja, wirklich. Hier ein Beispiel: Schnuppere mal an deinem Kaffee. Es duftet herrlich, nicht wahr?

Aisha: Ja, es ist ein guter Kaffee.

Kobir: Wie Dr. Jones sagte, wird dein Erleben beim Riechen dieses Kaffees dadurch hervorgerufen, dass winzig kleine Partikel aus dem Kaffee die Nase hochsteigen. Diese Partikel kommen in Kontakt mit den Zellen im Inneren deiner Nase. Und diese Zellen senden elektrische Impulse zum Gehirn. Das bewirkt etwas in deinem Gehirn. Und deshalb hast du schließlich das Erleben, das du vorhin hattest.

Aisha: Das ist ja hochinteressant!

Kobir: Stimmt, finde ich auch. Es ist faszinierend, zu sehen, dass all unser Erleben nur auf physischen Vorgängen in unserem Gehirn beruht.

Aisha: Wie bitte? Moment mal! Ich glaube, da gehst du etwas zu weit!

Kobir schien verdutzt. Was hatte Aisha auf einmal gegen seine Ausführungen einzuwenden?

Kobir: Wo ist das Problem?

Aisha: Aber hör mal! Ich weiß natürlich auch, dass etwas in meinem Gehirn passiert, wenn ich etwas erlebe.

Kobir: Klar.

Aisha: Aber du hast eben gesagt, dass mein Erleben etwas rein Physisches ist, das in meinem Gehirn abläuft. Richtig?

Kobir: Natürlich.

Aisha: Das glaube ich nicht! Die Wissenschaft mag zwar bewie-
sen haben, dass sich in unserem Gehirn etwas abspielt, wenn wir
etwas erleben. Es ist klar, dass Geist und Gehirn miteinander in
Verbindung stehen. Doch das beweist noch lange nicht, dass un-
ser Erleben nur bestimmte Abläufe im Gehirn sind, oder?

Warum Aisha denkt, das Erleben könne sich nicht in ihrem Gehirn abspielen

Aisha hat mit Sicherheit Recht, wenn sie sagt, dass die Wissenschaft zwar bewiesen hat, dass, wann immer etwas in
unserem Geist vor sich geht, auch etwas in unserem Gehirn
vor sich geht. Daraus folgt aber noch lange nicht, dass das,
was in unserem Geist passiert, nur das ist, was in unserem
Gehirn passiert.

Aber dennoch – gibt es einen Grund, anzunehmen, dass
Aishas Erleben sich *nicht* in ihrem Gehirn abspielt? Aisha
glaubte, einen Grund zu wissen.

Aisha: Für mich ist es ziemlich offensichtlich, dass sich mein Erle-
ben nicht in meinem Gehirn abspielt.

Kobir: Warum nicht?

Aisha: Okay, riech mal an deinem Kaffee!

Aisha und Kobir schnupperten beide an ihrem Kaffee.

Aisha: Und, wie war dein Erleben?

Kobir: Was meinst du mit »wie«?

Aisha: Konzentriere dich auf dein Erleben. Was hast du empfun-
den? Wie war es für dich, in deinem Geist. Überleg mal und be-
schreib es mir. Wie war es?

Kobir schnupperte noch einmal.

Kobir: Hmmm ... Das ist schwer zu beschreiben. Sehr angenehm, würde ich sagen . . . irgendwie würzig, mit einem prickelnden Beigeschmack.

Aisha: Stimmt, so war mein Erleben auch.

Kobir: Worauf willst du hinaus?

Aisha: Wenn du genau in dem Moment, in dem ich dieses Erleben habe, in mein Gehirn schauen könntest, würdest du nichts Würziges, Prickelndes entdecken, oder?

FEHLANZEIGE. WIR KÖNNEN HIER NICHTS WÜRZIGES, PRICKELNDES FINDEN.

Wenn du in mein Gehirn schauen könntest, würdest du nur eine schwammige, graue Masse entdecken. Egal, wie lange und intensiv du in mein Gehirn starren würdest, du würdest weit und breit nichts Würziges, Prickelndes entdecken, hab ich Recht?

Kobir: Ich denke schon.

Aisha: Also, wenn mein Erleben scharf und prickelnd war, doch in meinem Gehirn nichts Scharfes, Prickelndes zu entdecken war, dann muss mein Erleben doch etwas sein, das sich außerhalb meines Gehirns bildet, oder?

Was hältst du von Aishas Argument? Hat Aisha bewiesen, dass ihr Erleben *nicht-physischer* Art war?

Haben wir eine Seele?

Kobir jedenfalls war nicht von Aishas Argument überzeugt. Er war sich nicht einmal sicher, ob er Aishas Gedankengang verstanden hatte.

Kobir: Ich verstehe nicht recht. Was war dein Erleben dann, wenn nicht physisch? Es kann nur physisch sein. Es gibt schließlich nur ein physisches Universum.

Doch Aisha war der Meinung, dass es mehr geben muss als nur das physische Universum.

Aisha: Ich bin anderer Meinung. Es ist ausgeschlossen, dass etwas Physisches dies haben kann, diese würzige, prickelnde Empfindung, die ich vorhin hatte. Ausgeschlossen, dass es bewusst sein könnte. Und da ich eine solche Empfindung hatte und mir darüber voll bewusst bin, kann es nichts Physisches sein, verstehst du? Es muss etwas anderes sein.

Kobir: Und was bitte?

Aisha: Ich muss eine Seele haben.

Nun war Kobir restlos verwirrt. Er wollte wissen, was nun Aisha unter »Seele« verstand.

Aisha: Eine Seele gehört nicht zu dem materiellen, physischen Universum, mit dem ihr Naturwissenschaftler euch beschäftigt. Ich rede nicht von etwas Stofflichem wie einem Berg, einem See, einer Erdnuss oder sonst etwas. Ich rede von etwas ganz anderem. Von etwas Nicht-Stofflichem, etwas Übernatürlichem. Von einer Seele eben!

Kobir: Du glaubst also, dass du kein Teil des physischen Universums bist? Du – ein Mensch mit bewussten Empfindungen, Gedanken, Gefühlen und so fort – bist eine Seele?

Aisha: Genau das glaube ich.

Kobir: Dann habe ich wohl auch eine Seele?

Aisha: Natürlich. Wir haben beide eine Seele.

Wie fühlt sich eine Seelenerfahrung an?

Aishas Theorie, dass jeder Mensch eine Seele hat, nennen wir die *Seelen-Theorie*.

Aisha hat natürlich einen physischen Körper. Doch sie selbst ist nicht physisch. Sie – ein Mensch mit einem Bewusstsein, der denkt und fühlt – ist eine Seele. Das bedeutet, dass Aisha weiterleben wird, auch wenn ihr physischer Körper längst gestorben ist.

Doch wie kann Aisha gemäß der Seelen-Theorie in der physischen Welt Erfahrungen machen? Konkreter gefragt: Wie kann Aisha den Kaffee vor sich riechen?

Aisha stimmt Kobir natürlich zu, wenn er sagt, dass winzige Duftpartikel des Kaffees durch ihre Nase strömen. Diese Partikel stimulieren die Zellen in ihrer Nase, von denen Kobir erzählt hat, und die ihrerseits dann elektrische Impulse in ihr Gehirn schicken.

Doch Aishas Meinung nach irrt sich Kobir, wenn er sagt, dass das, was in ihrem Gehirn geschieht, ihr Erleben ist. Ihre *Seele* hat dieses Erleben, nicht ihr Gehirn.

Doch inwiefern ist Aishas Gehirn am Erleben ihrer Seele

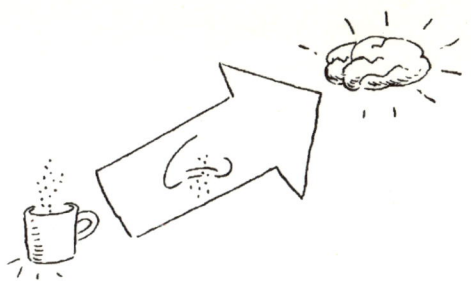

beteiligt? Nun, Aisha glaubt, dass es so ähnlich ist, als hätte ihr Gehirn einen kleinen Sender. Mittels dieses Senders kann ihr Gehirn ihrer Seele Botschaften übermitteln.

Auf diese Weise kommt Aishas Seele letztendlich in den Genuss des Kaffeearomas.

Himmel und Wiedergeburt

Wer religiös ist, glaubt normalerweise an die Seelen-Theorie. Viele Menschen glauben, dass ihre Seele nach dem Tod des sterblichen Körpers im Himmel weiterlebt. Andere glauben an die *Seelenwanderung*, auch Reinkarnation genannt. Sie glauben, dass ihre Seele nach dem Tod in einen neuen Körper übergeht (es muss nicht unbedingt

ein menschlicher Körper sein – manche werden vielleicht als Hund oder Schnecke wiedergeboren).

Doch obwohl etliche Menschen an die Seelen-Theorie glauben, ist sie schon etwas schwer zu verdauen. Und auch wenn du selbst daran glaubst, musst du zugeben: Die Behauptung, dass es nicht nur Materie, sondern auch etwas Übernatürliches wie Seelen gibt, hört sich nicht gerade sehr *wissenschaftlich* an, nicht wahr?

Ein Problem mit der Seelen-Theorie

Aisha erhob sich und ging zum Kuchenbüffet. Dort standen zwei Platten.

Auf der einen Platte lagen Berliner, auf der anderen Brownies. Aisha entschied sich für einen Brownie.

Anschließend setzte sich Aisha wieder zu Kobir und machte sich über den Brownie her.

Kobir: Mal im Ernst, Aisha. So ein Unsinn! Es gibt keine Seelen. Das wäre total unwissenschaftlich!

Aisha: Warum?

Kobir: Hör mal. Dein Körper ging zum Büffet. Du hast die Hand ausgestreckt und dir einen Brownie genommen.

Aisha: Richtig. Na und?

Kobir: Und was hat deine Hand zu dieser Bewegung veranlasst?

Aisha: Meine Armmuskulatur natürlich, die ihrerseits durch elektrische Impulse von Seiten des Gehirns in Bewegung gesetzt wurde.

Kobir: Richtig. Ich stimme dir zu. Das ist die wissenschaftliche Erklärung. Dein Gehirn hat veranlasst, dass sich deine Hand bewegt.

Aisha: Klar.

Kobir: Aber ich dachte, deine Seele hätte dich zu dieser Handbewegung veranlasst?!

Aisha: Klar! Meine Seele hat auf mein Gehirn eingewirkt, woraufhin dies meine Hand bewegt hat. Das musst du dir so vorstellen, als hätte das Gehirn einen kleinen Empfänger, mit dem es Botschaften von der Seele empfängt.

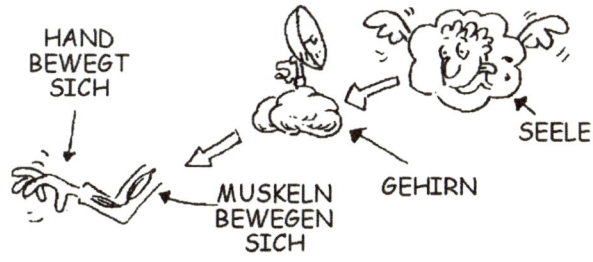

Meine Seele hat auf mein Gehirn eingewirkt. Deshalb haben sich die Muskeln bewegt und deshalb hat meine Hand nach dem Brownie gegriffen.

Kobir: Aha, die Vorgänge in deinem Gehirn wurden also von deiner Seele ausgelöst?

Aisha: Klar, natürlich!

Kobir: Die Vorgänge in deinem Gehirn wurden nicht durch physische Vorgänge ausgelöst?

Aisha: Nein, natürlich nicht.

Kobir glaubte auf einmal, einen Haken in Aishas Theorie entdeckt zu haben. Er nahm einen Schluck Kaffee, ehe er zu seinen Erklärungen ansetzte.

Kobir: Ich glaube, deine Theorie hat einen kleinen Haken, Aisha. Das Gehirn gehört doch eindeutig zur physischen Welt, habe ich Recht?

Aisha: Logo.

Kobir: Okay, doch was im physischen Universum passiert, ist immer davon abhängig, wie die Dinge physisch beschaffen sind.

Aisha: Was willst du damit sagen?

Kobir: Als du zur Theke marschiert bist, hast du noch nicht gewusst, ob du einen Brownie oder einen Berliner haben möchtest, stimmt's?

Aisha: Ja, da hatte ich die Brownies und die Berliner ja noch gar nicht gesehen.

Kobir: Genau. Hätten Wissenschaftler in der Minute, als du zur Theke gegangen bist, absolut alle Fakten über das, was physisch in diesem Café vorgeht, gewusst . . .

Aisha: Absolut alle Fakten? Du meinst, bis zur Bewegung sämtlicher Atome in meinem Körper?

Kobir: Ja, absolut alles. Hätten sie sämtliche Informationen gehabt, wäre es ihnen möglich gewesen, vorauszusagen, dass du einen Brownie nehmen würdest.

Weißt du, die Vorgänge in deinem Gehirn, die Bewegung deiner Hand – all diese physischen Ereignisse waren von vornherein durch die physischen Voraussetzungen vorherbestimmt. Oder noch ein Beispiel: Die Tatsache, dass unsere beiden Körper heute

früh in dieses Café kamen, war vorherbestimmt durch die physischen Umstände vor zwei Stunden, als wir noch nicht einmal daran gedacht haben, ins Café zu gehen.

Aisha: Das heißt . . .?

Kobir: Das heißt, dass es völlig unmöglich ist, dass etwas Nicht-Physisches wie eine Seele einen Einfluss darauf haben könnte, was auf der physischen Ebene geschieht. Das heißt, dass deine Seele gar nicht in der Lage ist, irgendeinen Einfluss darauf zu nehmen, was dein Körper tut.

Aisha kratzte sich ratlos am Kopf.

Aisha: Warum nicht?

Kobir: Überleg doch mal: Angenommen, du hättest nicht beschlossen einen Brownie zu nehmen, sondern dir stattdessen einen Berliner geholt. Deine Hand hätte trotzdem nach dem Brownie gegriffen.

Und zwar deshalb, weil die physischen Rahmenbedingungen
nichts anderes zugelassen hätten.

Aisha: Aha, ich verstehe. Du willst sagen, dass in der materiellen
Welt alles so abläuft, wie die physischen Voraussetzungen es na-
he legen. Etwas Nicht-Physisches kann keinen Einfluss auf die
Ereignisse nehmen. Meine Seele würde auf meine Hand keinen
Einfluss nehmen können.

Kobir: Richtig. Also, da du deine Hand dazu bringen kannst, zu
tun, was du von ihr willst, kann es keine Seele geben. Folglich
kann deine Seelen-Theorie nicht stimmen.

Aisha: Oje . . .

Kobir hat soeben einen sehr ernsthaften und sehr berühm-
ten Haken an der Seelen-Theorie angesprochen: Auch wenn
es so etwas wie Seelen gäbe, dann könnten sie keinen Einfluss auf unsere Körper nehmen. Philosophen aller Zeiten
haben sich einiges einfallen lassen, um dieses Problem zu
lösen. Doch ich bin mir nicht sicher, ob auch nur einer ihre
Vorschläge etwas taugt. Deshalb sollten wir die Seelen-
Theorie vielleicht lieber verwerfen – genau wie Kobir.

Ein Rätsel

Jemanden, der die Seelen-Theorie ablehnt und nur an physische Dinge glaubt – nennt man *Materialist*. Nach Meinung
der Materialisten gibt es nur die natürliche, physische Welt.
Das bedeutet, dass ich – das Ding, das bewusst Erfahrungen
macht, das denkt, fühlt und so weiter – irgendwie auch ein
Teil des physischen Universums sein muss.

Doch auch der Materialismus stellt uns vor ein gewaltiges
Rätsel. Wie konnte der Funken des Bewusstseins auf einen
Teil des physischen Universums überspringen? Wie kann
ein reiner Klumpen physischer Materie Trauer oder

Schmerz empfinden? Wie kann er das Erleben haben, das ich vor einer Tasse Kaffee habe? Wie kann eine spezielle Zusammenballung von Atomen und Molekülen so etwas zu Stande bringen wie einen *Geist*? Das müssen uns die Materialisten wie Kobir erst einmal erklären!

Kobirs Theorie

Im Grunde genommen war Kobir der Meinung, dass es hier gar kein großes Rätsel zu lösen gäbe. Unbekümmert begann er Aisha seine Theorie des menschlichen Geistes zu erklären.

Kobir: Ich denke, dass jeder unterschiedliche Gemütszustand im Grunde genommen nur ein bestimmter Zustand des Gehirns ist.

Aisha: Zustand des Gehirns?

Kobir: Lass es mich erklären. Das Gehirn ist ein sehr kompliziertes Organ. Es besteht aus zirka einer Million Milliarden Zellen, den so genannten Neuronen. Diese Neuronen sind in einem unglaublich komplexen Netz miteinander verwoben.

GEHIRN

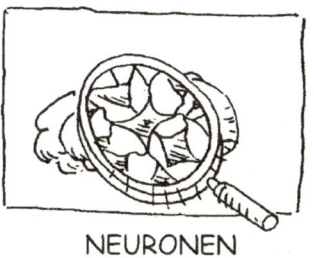

NEURONEN

Aisha: Aber was haben Neuronen mit unserem Bewusstsein zu tun? Was haben sie mit meinen Empfindungen zu tun, wenn ich zum Beispiel Schmerzen spüre?

Kobir: Nun, wenn jemand Schmerzen hat, ist sein Gehirn in einem ganz bestimmten Zustand. Ganz bestimmte Neuronen feuern Impulse.

Aisha: Aha.

Kobir: Und ich denke, Schmerzen kommen nur daher, dass diese Neuronen feuern. Schmerzen sind nichts anderes als ein ganz bestimmter Zustand des Gehirns. Die Schmerzen und der jeweilige Zustand des Gehirns sind ein und dasselbe!

Aisha: Ich weiss nicht, ob ich dir folgen kann.

Kobir: Schau, wir stellen doch oft fest, dass etwas, das wir ursprünglich für zwei verschiedene Dinge hielten, letzten Endes ein und dasselbe ist! So kann ein Forscher zum Beispiel entdecken, dass ein Berg, den er von einem bestimmten Dschungel aus sieht, und ein Berg, den er von einer bestimmten Wüste aus sieht, in Wirklichkeit ein und derselbe Berg ist.

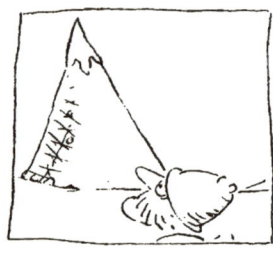

Bis zu einem gewissen Zeitpunkt ist es dem Forscher nicht klar, dass er denselben Berg nur aus zwei verschiedenen Blickwinkeln gesehen hatte.

Aisha: Ach so, genau wie der Berg, den der Forscher vom Dschungel aus gesehen hatte, derselbe war wie jener, den er von der Wüste aus gesehen hatte, könnte sich irgendwann herausstellen, dass jeder Schmerz nur ein bestimmter Zustand des Gehirns ist. Schmerz und der jeweilige Zustand des Gehirns könnten genauso dasselbe sein.

Kobir: Genau!

Aisha: Und dasselbe gilt für all unser bewusstes Erleben?

Kobir: Richtig! Dasselbe gilt, wenn wir uns glücklich fühlen, wenn wir die Farbe Gelb sehen, einen bitteren Geschmack wahr-

*nehmen und so fort. Jede dieser unterschiedlichen Erfahrungen
ist in Wirklichkeit nur ein bestimmter Zustand des Gehirns.*
*Aisha: Du meinst also, dass meine Empfindung in dem Moment,
wenn ich den Kaffeeduft rieche, nur einem bestimmten Gehirnzustand entspricht?*
Kobir: Ja, das meine ich.

Kobirs Theorie, die besagt, dass all unsere Empfindungen
und so weiter in Wirklichkeit nur durch bestimmte Zustän-
de des Gehirns ausgelöst werden, wollen wir die *Gehirntheorie* nennen.

»Doch die Schmerzen in meinem Fuß ...«

Bei der Gehirntheorie stößt dir vielleicht folgender Punkt
sauer auf: Du denkst vermutlich, wenn jemand Schmerzen
im Fuß hat, dann sitzt dieser Schmerz doch eindeutig *in seinem Fuß*, aber doch nicht in seinem Gehirn, oder?
Ist dieser Einwand gerechtfertigt? Vielleicht nicht. Die Gehirntheorie kann man sehr gut gegen diesen Einwand verteidigen. Menschen, denen aus irgendeinem Grund ein Bein
amputiert wurde, scheinen dieses Bein noch weiterhin zu
spüren. Sie berichten oft, dass ihnen genau dieser Fuß weh
tut. Dabei haben sie diesen Fuß längst nicht mehr.
In diesem Fall kann man
wohl kaum
behaupten, dass
die Schmerzen, die diese
Leute spüren, von ihrem
Fuß kommen. Doch wo
befindet sich dieser
Schmerz dann, wenn
nicht in ihrem Fuß?

Nun, diese Leute würden keine Schmerzen verspüren, wenn nicht in ihrem Gehirn bestimmte Vorgänge ablaufen würden. Und deshalb kann man davon ausgehen, dass ihr Schmerz in ihrem Gehirn erzeugt wird. Und wenn *ihre* Schmerzen im Gehirn erzeugt werden, dann vermutlich auch deine und meine!

Kobirs Beispiel mit Wasser

Doch Aisha hatte noch eine Frage an Kobir.

Aisha: Okay, wenn Schmerz also nur ein Zustand des Gehirns ist, wenn es also nur ein paar Neuronen sind, die gerade verrückt spielen – welcher Zustand des Gehirns ist es dann?

Kobir: Bedaure, aber das weiß ich auch nicht. Das haben die Wissenschaftler noch nicht herausgefunden. Doch dass sie es eines Tages herausfinden werden, ist so gut wie sicher. Schau dir dieses Glas mit 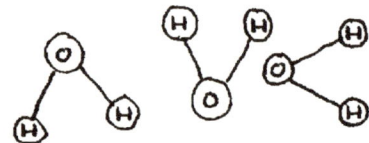 *Wasser an. Als Wissenschaftler kann ich dir sagen, dass Wasser H_2O ist. Das Glas ist gefüllt mit Molekülen, die jeweils aus zwei Wasserstoffatomen und einem Sauerstoffatom bestehen. Warte, so . . .*

Kobir nahm einen Zettel und malte folgendes Bild:

Kobir: Die Forscher haben bewiesen, dass Wasser nichts anderes als H_2O ist. Wasser und H_2O sind also identisch.

Aisha: Was hat dies bitte schön mit Schmerzen zu tun?

Kobir: Nun, ich glaube, dass die Forscher eines Tages auf ähnliche Weise herausfinden werden, welchem Gehirnzustand Schmer-

zen entsprechen. Vielleicht, indem sie das Gehirn von Menschen
scannen, die gerade Schmerzen haben.

Genau wie entdeckt wurde, dass Wasser den Molekülen H_2O
entspricht, wird man irgendwann entdecken, dass Schmerzen
einem bestimmten Gehirnzustand entsprechen. Warum auch
nicht?

Kobirs Gehirntheorie hört sich zweifellos »wissenschaftlich« an, nicht wahr? In der Tat sind viele Wissenschaftler
Anhänger der Gehirntheorie.

Das Beispiel vom augenlosen Alien

Aisha konnte sich jedoch auch weiterhin nicht mit der Gehirntheorie anfreunden. Sie konnte es sich nicht vorstellen,
dass all das, was sie bewusst erlebte, nur bestimmte Zustän-
de des Gehirns sein sollten. Deshalb versuchte sie ein weiteres Mal, ihren Standpunkt zu erklären.

Aisha: Trotzdem glaube ich nach wie vor, dass deine Gehirntheo-
rie nicht stimmen kann.

Kobir: Warum?

Aisha: Das habe ich dir doch schon erklärt. Die Gehirnforscher
können in mein Gehirn schauen, solange sie wollen — meinen
Geist werden sie nirgends entdecken. Der menschliche Geist ist

etwas ganz Intimes, Persönliches und hat absolut nichts mit der physischen Welt zu tun.

Kobir: Ich kann deinen Überlegungen nicht recht folgen.

Aisha: Na schön, dann gebe ich dir noch ein Beispiel. Ich werde dir beweisen, dass mein persönliches Erleben nichts Physisches ist.

Kobir: Beweisen? Das wage ich zu bezweifeln!

Aisha: Wollen wir wetten? Okay, ich erzähle dir eine kleine Geschichte. Die Geschichte von den augenlosen Aliens.

Kobir: Den augenlosen Aliens?

Aisha: Ja. Nimm mal an, es gäbe intelligente Außerirdische, die jedoch keine Augen haben. Sie sind vollkommen blind.

Kobir: Und wie finden sie sich dann zurecht?

Aisha: Hauptsächlich durch Tasten – sie haben lange, sehr elastische Fangarme – und Hören – sie haben große, empfindliche Ohren, ähnlich wie Fledermäuse. Diese Aliens können natürlich denken und Dinge bewusst erleben. Doch da sie keine Augen haben, können sie sich keine Farben vorstellen. Außerdem sind sie sehr neugierig auf uns Menschen. Sie würden zu gerne wissen, wie es ist, ein Mensch zu sein, wie wir die Welt wahrnehmen. Und am meisten interessieren sie die Farben. Sie würden zum Beispiel zu gern wissen, wie die Farbe Rot aussieht. Und sie entführen dich.

Sie fesseln dich und schleppen dich in ihr Raumschiff. Dann zeigen sie dir ein paar Dinge, von denen sie wissen, dass wir sie als rot bezeichnen: eine Ketschup-Flasche, Erdbeeren und so weiter.

Kobir: Komisch! Warum sollten sie das tun?

Aisha: Sie wissen, dass du, wenn du diese Dinge siehst, die Farbe Rot wahrnimmst. Währenddessen scannen sie deinen Körper mit einem unglaublich weit entwickelten Hochleistungs-Scanner.

Dieser Scanner verrät den Aliens absolut alles, was physisch in dir vorgeht, wenn du etwas Rotes siehst; natürlich auch alles, was in deinem Gehirn vorgeht.

Kobir: *Absolut alles? Bis zum letzten Atom?*

Aisha: *Jawohl. Absolut alles. Hier nun die große Frage: Werden die Aliens aus diesen rein physischen Fakten schließen können, wie es tatsächlich ist, wenn man die Farbe Rot sieht?*

Kobir: *Hmmm . . . Vermutlich nicht. Sie sind ja blind. Deshalb würden sie immer noch nicht wissen, wie es ist, wenn man eine Farbe wirklich sieht.*

Aisha: *Genau! Wie es scheint, können die Aliens so viele Informationen über die physischen Vorgänge in deinem Körper und natürlich auch in deinem Gehirn sammeln, wie sie wollen, während du etwas Rotes siehst, doch sie würden trotzdem niemals erfahren, was du dabei tatsächlich empfindest.*

Kobir: *Ich verstehe . . .*

Aisha: *Ha, das ist mein Beweis, dass die Gehirntheorie falsch ist. Die Aliens würden niemals herausfinden, was für eine Wahrnehmung wir haben – du und ich –, wenn wir diese Ketschup-Flasche hier anschauen. Richtig?*

Kobir: *Okay, ich gebe zu, dass ihnen alles Scannen da nicht weiterhelfen würde.*

Aisha: *Obwohl ihr Scanner ihnen alle physischen Abläufe in deinem Gehirn aufzeigen würde, nicht wahr?*

Kobir: Stimmt.

Aisha: Daraus folgt, dass die Wahrnehmungen, die wir haben, nichts Physisches *sind. Die Wahrnehmung selbst ist nicht-physisch!*

Kobir: Das kann irgendwie nicht stimmen . . .

Aisha: Doch es stimmt!

Kobir: Unmöglich! Die Wahrnehmung muss et-was Physisches sein! An deiner Argumentation muss irgendetwas faul sein.

Aisha: Ach ja? Und was bitte?

Kobir: Hm, das weiß ich nicht . . .

Das Geheimnis des Geistes

Treten wir nun innerlich einen Schritt zurück und betrachten, an welchem Punkt wir angelangt sind. Wir haben uns mit der Frage beschäftigt: *Was ist Geist?* Ist er Teil des physischen Universums? Oder ist der Geist etwas anderes – etwas, das *zusätzlich* zur physischen Welt existiert? Bei dem Versuch, diese Frage zu beantworten, fühlten wir uns auf einmal in zwei entgegengesetzte Richtungen gezogen. Kobir zog uns in eine Richtung.

Er führte ein Argument an, das zu beweisen schien, dass der menschliche Geist auf irgendeine Weise ein Teil des physischen Universums sein muss. Wenn unser Geist nicht physisch wäre, könnte er unseren Körper nicht entsprechend dirigieren, was jedoch eindeutig der Fall ist.

Warum akzeptieren wir dann nicht einfach, dass unser Geist physisch ist?

Weil Aisha ein Argument vorbrachte, das uns in eine ganz andere Richtung lenkte. Ihr Beispiel mit den augenlosen Aliens scheint zu beweisen, dass die Fakten, die unseren Geist betreffen, wesentlich geheimnisvoller und verborgener sind als alle physischen Vorgänge in unserem Körper.

Doch dann kann der Geist nichts Physisches sein.

Einerseits scheint der Geist zur physischen Welt zu gehören, andererseits auch wieder nicht. Was dann? Ich muss zugeben: Ich weiß es nicht. Und da bin ich nicht der Einzige. Über die Frage, wie unser physischer Körper und unser Geist miteinander verbunden sind, streiten sich die Wissenschaftler und Philosophen an allen Universitäten der Welt noch heute.

Und was denkst du darüber?

8. Abenteuer

Gibt es einen Gott?

Das Universum

Ich sitze auf einem Hügel unter einem wunderschönen Nachthimmel.

Die Sterne funkeln. Im Osten steht ein
fast voller Mond über den Bäumen. Im Westen sehe ich die Dächer meiner Heimatstadt. Jenseits der Dächer, dort, wo vor wenigen Minuten die Sonne unterging, ist noch ein schwacher rötlicher Glanz zu sehen. Zwischen diesem rötlichen Glanz und dem Mond sehe ich zwei helle Lichtpunkte – die Planeten Venus und Jupiter.

Während ich hier auf dem Hügel sitze, bin ich wieder einmal total beeindruckt davon, wie riesig das Universum ist. Und wir Menschen leben auf der abgekühlten Kruste einer rot glühenden, großen Kugel: dem Planeten Erde.

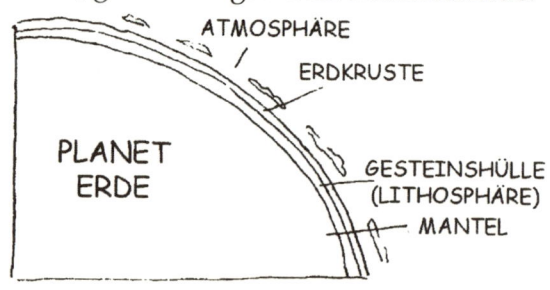

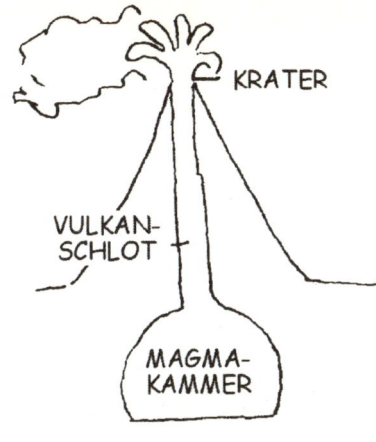

KRATER

VULKAN-
SCHLOT

MAGMA-
KAMMER

Nur hin und wieder schießt geschmolzenes Gestein – Lava – an die Erdoberfläche und es entsteht ein Vulkan.

Die Erde dreht sich alle vierundzwanzig Stunden um ihre eigene Achse. Deshalb verschwindet die Sonne jeweils für mehrere Stunden. Doch nicht die Sonne bewegt sich, sondern die Erde.

Der Mond, eine weitere Gesteinskugel, benötigt einen Monat, um sich um die Erde zu drehen.

Die Erde hingegen dreht sich einmal im Jahr um die Sonne.

Die beiden hellen Lichtpunkte am Himmel – Venus und Jupiter – sind ebenfalls Planeten.

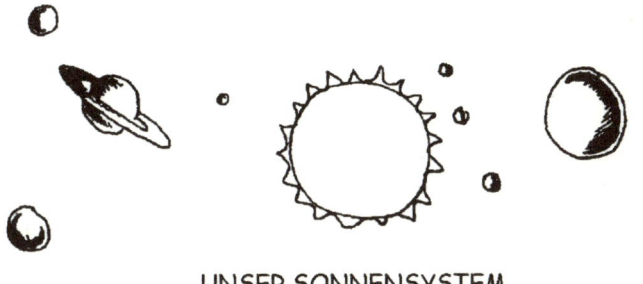

MOND DREHT SICH
UM DIE ERDE

ERDE DREHT SICH
UM IHRE EIGENE ACHSE

In unserem Sonnensystem gibt es genau neun Planeten, die sich alle relativ langsam um die Sonne drehen.

UNSER SONNENSYSTEM

Unsere Sonne ist ein Stern, genau wie tausende anderer Sterne, die ich über mir am Himmel sehen kann. Diese anderen Sterne sind natürlich sehr viel weiter entfernt. Während das Licht der Sonne nur acht Minuten braucht, bis es bei uns auf der Erde ist, braucht das Licht anderer Sterne zehn, hundert oder manchmal sogar über tausend Jahre.

Die Sterne, die ich über mir am Himmel sehe, gehören zu einem unvorstellbar großen Sternenstrudel, den wir Galaxie nennen. Unsere Galaxie heißt *Milchstraße*,

doch die Milchstraße ist nur eine von tausenden bekannter Galaxien unseres Universums.

Angesichts dieses unvorstellbar großen Universums ist der Planet Erde nur winzig und unbedeutend.

Wie entstand das Universum?

Wenn ich ins Universum blicke, frage ich mich oft: Wieso gibt es diese Gesteinsmassen, Staubwolken und so viel Raum? Woher kam das alles? Wieso gibt es das überhaupt?

Die Wissenschaftler haben natürlich eine Theorie parat: Sie

sagen, das Universum habe mit einer gewaltigen Explosion begonnen, dem so genannten *Urknall*.

Der Urknall fand vor langer, langer Zeit statt: vor etwa zehn- bis zwanzigtausend Millionen Jahren. Von diesem Urknall rührt alle Materie in unserem Universum her. Er war der Anbe-

DER URKNALL

ginn des Raums. Ja, er war sogar der Anbeginn der Zeit. Doch solche Erklärungen der Wissenschaftler helfen mir auch nicht viel weiter. Ich werde das Gefühl nicht los, dass diese Erklärungen irgendwie unvollständig sind. Denn mir drängt sich dann sofort die Frage auf: *Und wie kam es zu diesem Urknall?* Wieso gab es ihn überhaupt? Dies ist mit Sicherheit ein großes Geheimnis, vielleicht das größte Geheimnis von allen.

Die Bedeutung von Leben

Nach einer Weile höre ich auf das Universum zu betrachten. Ich blicke nach unten, auf das Gras.

In den Schatten zwischen den einzelnen Grashalmen sehe ich Insekten herumkrabbeln, darunter auch viele Ameisen. Sie wirken sehr beschäftigt. Als ich näher hinschaue, sehe ich, dass sich die Ameisen mit einem Blatt abmühen.

Sie versuchen eifrig das Blatt in eine Öffnung im Boden zu schieben. Darunter muss sich die Behausung der Ameisen befinden. Das Blatt ist ziemlich starr. Die Ameisen mühen sich redlich ab, doch es will einfach nicht durch die Öffnung passen. Ich frage mich, warum das Blatt so wichtig für sie ist.

Ich könnte jederzeit meinen Fuß heben und die Ameisen platt treten. Das tue ich natürlich nicht. Doch welchen Unterschied würde es machen, wenn ich es täte? Da schaue sich einer ihr hektisches Tun an, ihr Herumrennen, ihren Versuch, das Blatt in die Öffnung zu quetschen. Das Ganze kommt mir so zwecklos vor, so bedeutungslos. Was würde es schon ausmachen, wenn ich sie zertreten würde?

Vom Weltraum aus betrachtet, muss die Erde auch irgendwie an einen Ameisenhaufen erinnern.

Rennen wir nicht auch hektisch durch die Gegend, genau wie Ameisen? Wir werden geboren, wachsen auf, gehen zum Supermarkt, zur Arbeit, schauen fern, bekommen Kinder . . . und sterben irgendwann. Unsere Kinder bekommen Kinder und diese irgendwann wieder. Generationen um Generationen endloser Aktivität. Der Kreislauf geht immer weiter. Doch was ist der Sinn hinter unserer kurzen Reise durchs Leben? Was steckt hinter unserem kurzen und bewussten Dasein auf diesem winzigen Planeten irgendwo am Rande des riesigen Universums? Gibt es überhaupt einen Sinn?

Gott

Während ich unter dem Sternenhimmel saß, staunte ich über die Tatsache, dass es im Universum Leben gibt. Warum eigentlich? Wieso kam es zum Urknall? Ich staunte auch über die Bedeutung des Lebens an sich. Was ist der Sinn unseres Hierseins?

Auf die Frage »*Warum gibt es das Universum?*« würden viele Menschen antworten: Gott hat es erschaffen. Gott ließ den großen Urknall geschehen.

Viele Menschen glauben auch, dass Gott unserem Leben einen Sinn gibt. Sie glauben, dass unser Hiersein einen Sinn hat, nämlich den, Gott zu dienen, zu lieben und ihm zu gehorchen.

Wie ist Gott?

Falls Gott das Universum erschaffen hat, falls *er* unserem Leben einen Sinn gibt, wäre es vielleicht interessant, zu wissen, wie er aussieht. Manche Menschen stellen ihn sich in etwa so vor: Doch das ist natürlich Unsinn. Gott ist sicher kein bärtiger, alter Mann und *er* sitzt bestimmt auch nicht auf einer Wolke herum. Du kannst ewig herumfliegen und alle Wolken inspizieren, doch auf keiner würdest du einen alten Mann entdecken. Dieses Bild von Gott haben sich fromme Menschen ausgedacht, um ihn sich besser vorstellen zu können.

Obwohl ich jetzt immer von *ihm* gesprochen habe, glauben heute viele Menschen nicht einmal mehr, dass er ein Mann ist.

Wer ist Gott dann, wenn nicht ein alter Mann auf einer Wolke? Nach Meinung der Christen, Juden, Moslems und vieler anderer Glaubensgemeinschaften, hat Gott auf jeden Fall die folgenden drei Eigenschaften:

Zum ersten ist Gott *allmächtig*. Er vermag alles. Er hat das Universum erschaffen. Und er könnte es auch wieder vernichten, wenn es ihm gefallen würde. Gott kann Tote wieder zum Leben erwecken, Wasser in Wind verwandeln und *er* könnte dich in null Komma nichts auf den Mond versetzen.

Zum zweiten ist Gott *allwissend*. Er weiß absolut alles. Er weiß alles, was in der Vergangenheit passiert ist, und er kennt auch die Zukunft. Er kennt unsere Gedanken, jedes unserer Geheimnisse. Er weiß sogar, dass ich letzte Nacht in die Küche geschlichen bin und das letzte Stück Torte aus dem Kühlschrank stibitzt habe.

Gott bleibt nichts verborgen.

Zum dritten soll Gott *allgütig* sein. Er liebt uns, seine Geschöpfe, und würde niemals etwas Böses tun.

Warum an Gott glauben?

Viele religiöse Menschen *glauben* an die Existenz Gottes. Sie haben keinen Beweis für ihren Glauben, dass es Gott gibt. Sie glauben es einfach.

Doch uns Philosophen interessiert natürlich, ob es einen *Grund* gibt, an die Existenz Gottes zu glauben. Gibt es einen Beweis für seine Existenz? Gibt es ein Argument, welches dies belegen könnte? Oder liegt eher die Annahme näher, dass es keinen Gott gibt? Mit diesen Fragen wollen wir uns nun als Nächstes beschäftigen.

Bob und Kobir kommen

Ich liege also auf dem Rücken im weichen Gras und schaue zu den Sternen hinauf. Nach einer Weile höre ich Stimmen in der Ferne. Sie kommen näher.

Schließlich kann ich erkennen, wer da kommt. Es sind Bob und Kobir auf einem Abendspaziergang. Kobir, den Studenten, kennst du schon aus dem vorhergehenden Kapitel. Bob ist Fußballspieler. Er ist an diesem Wochenende bei Kobir zu Besuch. Die beiden haben im nahen Park ein bisschen Fussball gespielt.

Nach einigen Minuten sind die beiden bei mir auf dem Hügel angekommen. Wir begrüßen uns, dann setzen sie sich zu mir ins Gras.

Ich erzähle Bob und Kobir, was für Gedanken mir vorhin durch den Kopf gegangen sind. Über Gott, den Urknall und den Sinn des Lebens.

Sie sind ziemlich beeindruckt. Bob sagt, er glaube an Gott. Kobir hingegen glaubt nicht an einen Gott.

Bob und Kobir sind gute Freunde. Ihr gemeinsames Steckenpferd sind philosophische Fragen. Deshalb dauert es nicht lange, bis sie mitten in einer kleinen Diskussion über Gott sind. So verlief ihr Gespräch:

Bob: Du musst zugeben, dass Millionen von Menschen weltweit an Gott glauben. Und wenn Millionen von Menschen an ihn glauben, dann muss doch etwas dran sein, oder?

Kobir: So ein Unsinn! Früher glaubten Millionen von Menschen, die Erde sei eine Scheibe und die Sonne drehe sich um die Erde. Doch wie wir heute wissen, haben sie sich ganz schön getäuscht, stimmt's?

Bob: Okay, in diesen Punkten haben sie sich getäuscht, das gebe ich zu.

Kobir: Also, auch das, was die Mehrheit glaubt, kann falsch sein. Die Tatsache, dass viele Menschen an einen Gott glauben, beweist noch lange nicht, dass es ihn auch gibt.

Bob: Na schön, die Mehrheit kann sich auch irren. Doch es kann auch sein, dass sie Recht hat.

Kobir: Nein. Nicht, wenn diese Menschen keinen Grund für ihren Glauben haben. Man braucht nicht immer einen Grund, um etwas zu glauben. Manchmal gibt es auch eine andere Erklärung.

Bob: Zum Beispiel?

Kobir: Nun, viele glauben nur deshalb, weil sie mit einem bestimmten Glauben groß geworden sind. Dieser wurde ihnen von Kindesbeinen an eingebläut. Und als Erwachsene bleiben sie einfach bei ihrem Glauben.

Bob: Aber wie erklärst du es dir dann, dass ich an Gott glaube? Ich

wurde nie in die Kirche geschickt. Meine Eltern glaubten nicht an Gott.

Kobir: Ich denke, dass die meisten Menschen ohne besonderen Grund an Gott glauben, einfach deshalb, weil sie unbedingt an einen Gott glauben wollen. Sie fühlen sich wohler und beruhigter, wenn sie glauben, dass es einen Gott gibt.

Bob: Warum beruhigter?

Kobir: Nun, sich vorzustellen, dass wir mutterseelenallein in diesem Kosmos sind, dass unser Leben keinen Sinn hat, ist ein ziemlich erschreckender Gedanke. Es macht einem Angst, sich vorzustellen, dass nach unserem Tod alles aus ist. Es ist sehr viel schöner, sich vorzustellen, dass es einen liebenden Gott gibt, der über uns wacht und unserem Leben einen Sinn gibt, dass wir nach dem Tod nicht aufhören zu existieren, sondern weiterleben. So ein tiefer Glaube mag zwar tröstlich und beruhigend sein, doch das gibt uns nicht den geringsten Grund, anzunehmen, dass er auch wahr ist, oder?

Ist Kobir da ganz fair? An Gott zu glauben kann das Leben auch eher *weniger* angenehm machen. Viele Gläubige glauben auch an das Jüngste Gericht und an Himmel und Hölle. Sie glauben, dass wir nach dem Tod von Gott gerichtet werden und er uns für unsere bösen Taten mit der Hölle bestraft.

Das ist kein sehr tröstlicher Gedanke, nicht wahr?

Dennoch hoffen die meisten Gläubigen, dass Gott wirklich existiert. Ihr Glaube ist ihnen ein großer Trost. Hat Kobir also Recht? Glauben die meisten Menschen nur deshalb an Gott, weil sie glauben *wollen* oder in einem bestimmten Glauben erzogen worden sind? Oder gibt es einen *Grund* für die Annahme, dass es einen Gott gibt? Was meinst du?

Bobs Urknall-Argument

Bob, Kobir und ich liegen einige Minuten lang schweigend auf dem Rücken. Wir lauschen dem Wind, der durch die Blätter der Bäume unten am Hügel raschelt. Plötzlich hören

wir ein Zischen, gefolgt von einem ohrenbetäubenden Knall: eine Feuerwerksrakete! Tausende von silbernen Funken zischen nördlich von uns an den Himmel. Wir beobachten, wie sie spiralförmig wieder herunterregnen.

Bob: Hör mal, ich glaube mit Sicherheit nicht an Gott, nur weil das eine schöne Vorstellung wäre. Dann könnte ich auch an gute Feen glauben, und das tue ich nicht. Denn es gibt keinen Grund, an sie zu glauben. Doch dafür, dass es einen Gott gibt, gibt es einen Beweis. Und deshalb glaube ich an ihn.

Kobir: Wie meinst du das? Welchen Beweis gibt es für die Existenz Gottes?

Bob: Stephen hat vorhin vom Urknall gesprochen. Gehen die Wissenschaftler nicht davon aus, dass das Universum, in dem wir herumschwirren, mit einer gewaltigen Explosion begann, dem Urknall?

Kobir: Doch.

Bob: Gut. Dann erkläre mir mal bitte, wie es zu dem Urknall kam? Wer oder was hat ihn verursacht?

Kobir: Keine Ahnung. Das ist ein Rätsel.

Bob: Ja, ein Wahnsinnsrätsel. Schließlich hat alles eine Ursache, nicht wahr? Dinge geschehen nicht einfach so. Denk nur an die Rakete vorhin. Sie schoss nicht einfach so in den Himmel, oder? Es gab eine Ursache. Jemand hat sie gezündet, richtig?

Kobir: Natürlich.

Bob: Dasselbe gilt auch für den Urknall. Auch der musste eine Ursache haben. Wenn wir davon ausgehen, dass Gott existiert, dann ist das Rätsel um den Urknall gelöst. Deshalb liegt es nahe, dass es einen Gott gibt. Gott ist die Erklärung für den Urknall. Gott hat den Urknall gezündet!

Ist Bobs Urknall-Argument überzeugend?

Ich habe oft den Eindruck, dass die Menschen, die behaupten, dass es einen Gott geben muss, auch so etwas wie Bobs Urknall-Argument im Hinterkopf haben. Ganz ähnliche Argumente findet man auch in den Schriften vieler Philosophen und religiöser Denker aller Jahrhunderte.

Auf den ersten Blick *scheint* Bobs Urknall-Argument recht überzeugend zu sein. Doch ist es das wirklich? Liefert es uns wirklich einen triftigen Grund für die Annahme, dass es einen Gott gibt?

Kobir ist anderer Meinung.

Kobir: Mich überzeugt dein Argument nicht. Es nennt keinen triftigen Grund für die Annahme, dass es einen Gott gibt. Du behauptest Folgendes: Alles hat eine Ursache; auch das Universum hat eine Ursache; deshalb muss Gott als Ursache für unser Universum existieren. Richtig?

Bob: Na ja, schon . . .

Kobir: Gut, wenn also alles eine Ursache haben muss, dann müsste auch Gott eine Ursache haben. Weshalb existiert er?

Bob: Gute Frage. Das ist ein Rätsel.

Kobir: Du hast aber nur ein Rätsel durch ein anderes ersetzt, stimmt's?

Bob: Wie meinst du das?

Kobir: Tja, das große Rätsel bleibt weiterhin ungelöst, nicht wahr? Ausgegangen sind wir von der Frage »Wie entstand das Universum?«.

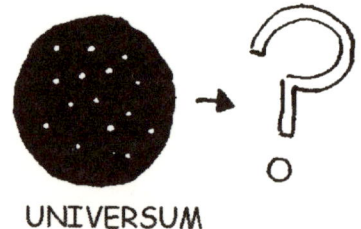

UNIVERSUM

Die Wissenschaftler sagen: Durch den Urknall. Doch dann stehen wir vor dem Rätsel, wer oder was den Urknall verursacht hat.

Dieses Rätsel versuchst du dadurch zu lösen, indem du sagst, es war Gott. Doch dann erhebt sich natürlich sofort die Frage, woher Gott kam.

Und so weiter.

Das Rätsel bleibt ungelöst.

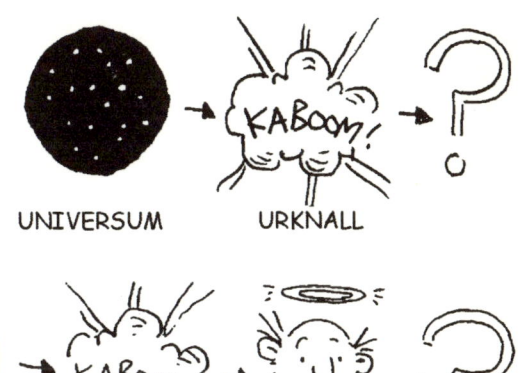

UNIVERSUM   URKNALL

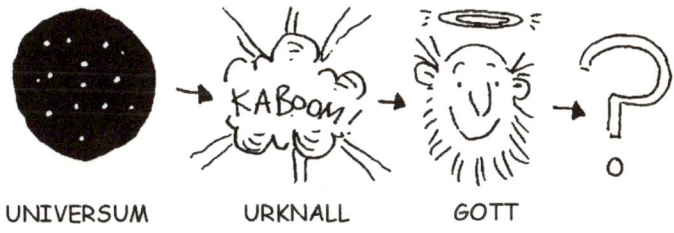

UNIVERSUM   URKNALL   GOTT

Kobir hat Recht. Bob meinte, die Existenz eines Gottes würde erklären, warum der Urknall stattgefunden hat. Dabei hat er das ursprüngliche Rätsel nur durch ein neues ersetzt. Doch noch gibt er sich nicht geschlagen.

Bob: Okay, angenommen, Gott hat keine Ursache. Angenommen, Gott braucht keine Ursache. In diesem Fall wäre das Rätsel gelöst.

Kobir: Ha! Jetzt widersprichst du dir selbst! Du hast anfangs erklärt, dass alles eine Ursache hat. Und nun behauptest du, dass nicht alles eine Ursache hat, nämlich Gott nicht.

Bob: Als ich sagte, dass alles eine Ursache hat, meinte ich doch nicht absolut alles – Gott jedenfalls nicht.

Kobir: Du behauptest also, es gebe eine einzige Ausnahme von der Regel, dass alles eine Ursache hat – Gott!

Bob: Ja. Gott ist die große Ausnahme.

Kobir: Doch wenn es schon eine Ausnahme von der Regel geben muss, warum nehmen wir dann nicht einfach das Universum als Ausnahme? Warum willst du unbedingt Gott als zusätzliche Ursache an den Uranfang des Universums setzen? Du hast keinen Beweis dafür, dass Gott existiert.

Bob: Hm, ich fürchte, du hast Recht.

Kobir: Weißt du, Bob, ich gebe zu, dass es ein großes Rätsel ist, wie unser Universum entstanden ist. Ich gebe zu, dass es ein größeres Rätsel ist, zu klären, warum es etwas gibt, als zu klären, warum es etwas nicht gibt. Doch ich widerspreche dir vehement, wenn du sagst, dass dieses Rätsel ein Beweis für Gottes Existenz ist.

Bobs Argument vom kosmischen Uhrmacher

Bob setzt sich auf und beginnt mit seiner Uhr herumzuspielen. Es macht ihm offensichtlich zu schaffen, dass Kobir sein Argument mit dem Urknall nicht gelten ließ. Deshalb macht Bob nach einer Weile einen neuen Versuch, Kobir von der Existenz Gott zu überzeugen. Er nimmt seine Uhr vom Arm und wirft sie vor Kobir ins Gras.

Bob: Okay, Kobir. Hier ist ein besseres Argument. Schau dir diese Uhr an. Angenommen, du gehst auf einer einsamen Insel am Strand entlang und siehst plötzlich diese Uhr vor dir im Sand liegen.

Natürlich würdest du dich fragen, wie diese Uhr an den einsamen Strand kam. Es gibt zwei Möglichkeiten. Die erste wäre: Sie wurde von einem intelligenten Wesen – einem Uhrmacher – für einen speziellen Zweck gebaut, nämlich um darauf die Uhrzeit ablesen zu können. Die zweite Möglichkeit wäre: Die Uhr ist rein zufällig durch das Zusammenwirken von Wellen, Wind und anderen Naturkräften entstanden. Also ganz ohne Uhrmacher. Welche der beiden Möglichkeiten hältst du für wahrscheinlicher?

Kobir: Das ist ja glasklar. Es war bestimmt die erste Möglichkeit.

Bob: Du hast Recht. Eine Uhr ist schließlich kein Kieselstein. Kieselsteine entstehen ohne das Zutun eines intelligenten Wesens und werden durch Naturkräfte geformt – den Wind und die Wellen. Doch eine Uhr kann wohl kaum unter solchen Umständen zu Stande kommen, stimmt's?

Kobir: Ja, stimmt!

Bob: Klar, die Uhr hat einen bestimmten Zweck – man soll darauf die Uhrzeit ablesen können. Aus diesem Grund ist es logisch, anzunehmen, dass ein intelligentes Wesen sie eigens für diesen Zweck gebaut hat. Es muss einen Erbauer, einen Uhrmacher, gegeben haben, der sie gebaut hat.

Kobir: Ja, klar.

Bob: Gut, dann schau dir mal mein Auge an.

Ein Auge ist eine höchst komplizierte Sache – viel, viel komplizierter als eine Uhr oder sonst etwas von Menschen Gebautes. Genau wie die Uhr hat auch das Auge einen bestimmten Zweck:

Es erlaubt seinem Besitzer, zu sehen. Diese Aufgabe erfüllt es ganz hervorragend, nicht wahr?

Kobir: Natürlich. Ein Auge ist ein großartiges Meisterwerk.

Bob: Gut, dann frag dich doch mal, wieso es so etwas wie Augen gibt. Was ist wahrscheinlicher? Dass das Auge rein zufällig entstanden ist oder dass es entworfen wurde? Da das Auge ja eindeutig einen bestimmten Zweck erfüllt, und das ganz hervorragend, muss es einen Schöpfer gehabt haben. Es muss einen Schöpfer geben, eine Art kosmischen Uhrmacher, der das Auge entworfen hat. Dieser Schöpfer ist Gott.

ist Bobs Argument stichhaltig?

Was hältst du von Bobs Argument? Genau wie vom Urknall-Argument gab es auch vom Kosmischen-Uhrmacher-Argument im Laufe der Jahrhunderte viele verschiedene Versionen, die sich die Philosophen und religiösen Denker ausgedacht haben. Doch auch sie haben einen kleinen Haken.

Dieser Haken ist, dass wir heutzutage alles über die *natürliche Selektion* wissen, die erklärt, wie Augen entstehen können, ohne dass man unbedingt von einem Schöpfer ausgehen muss.

Natürliche Selektion

Natürliche Selektion funktioniert folgendermaßen: Wenn jemand etwas so Komplexes wie ein Schiff, Flugzeug oder Gebäude bauen möchte, macht er zuerst einen Plan, einen so genannten *Entwurf*. Dieser Entwurf zeigt genau, wie das Schiff oder was auch immer zusammengebaut werden wird.

Auch alle Lebewesen enthalten eine Art Entwurf, nämlich die DNS.

DNS

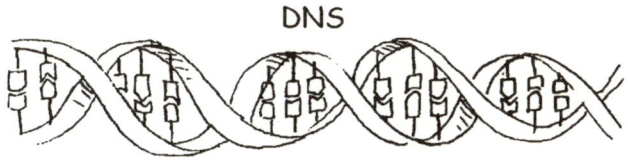

DNS ist eine lange Molekülkette, die sich in jeder Zelle jedes lebenden Körpers befindet. Diese Kette enthält den genauen Entwurf, wie der lebende Körper aussehen soll. Bei der Fortpflanzung einer Pflanze oder eines anderen Lebewesens wird die DNS-Kette an die nächste Generation weitervererbt.

Durch Kopieren eines Teils der elterlichen DNS-Kette oder DNS-Ketten entsteht die DNS-Kette des neuen Lebewesens. Doch während des Kopiervorgangs können sich kleine Fehler einschleichen.

Wegen solcher leichten Veränderungen des Entwurfs kann das daraus hervorgehende Wesen sich etwas von dem Elternteil oder den Eltern unterscheiden. Solche Veränderungen nennt man *Mutationen*. Sie geschehen mehr oder weniger aus Zufall.

Hier ein Beispiel: Ein einfaches, im Wasser lebendes Tier hat infolge einer Mutation eine einzelne lichtempfindliche Zelle in der Haut.

Diese Zelle wäre für das Tier vermutlich sehr nützlich. Damit könnte es feststellen, wie tief das Wasser ist (je tiefer man kommt, desto dunkler wird es). Eine solche Mutation würde dem Fisch seinen Artgenossen gegenüber einen kleinen Vorteil verschaffen.

Ein anderer Vertreter dieser Tierart hat infolge einer Mutation vielleicht eine hellere Haut als seine Artgenossen. Diese Mutation wäre für das Tier eventuell ein Nachteil, da es für Verfolger leichter sichtbar wird.

Ein Lebewesen mit einer Mutation, die ihm das Überleben erleichtert, hat größere Chancen, sich fortzupflanzen, als ein Lebewesen mit einer Mutation, die ihm das Überleben erschwert. Es ist folglich wahrscheinlicher, dass die nachfolgende Generation statt der helleren Haut die lichtempfindliche Zelle erben wird. Mutationen, die einer Art das Überleben und die Fortpflanzung in ihrer jeweiligen Umgebung erleichtern, werden mit größerer Wahrscheinlichkeit weitergegeben als solche, die das Überleben erschweren.

Durch weitere Mutationen im Laufe tausender von Generationen verändert sich die jeweilige Art allmählich. Sie *entwickelt* sich *weiter* und passt sich der Umgebung an. Diesen Prozess nennt man *natürliche Selektion*.

Du hast sicher schon einmal Fossilien gesehen: Gesteinsstücke in der Form eines Lebewesens, das vor Jahrmillionen gelebt hat. An ihnen kann man die Veränderungen sehen, die stattgefunden haben. Wir gehen heute zum Beispiel davon aus, dass sich die ersten Vögel aus einer bestimmten Dinosaurierart entwickelt haben.

Wir Menschen sind inzwischen sogar unserer eigenen Evolution auf der Spur. Wir haben herausgefunden, dass wir mit den Menschenaffen gemeinsame Vorfahren haben. Die unbestreitbare Ähnlichkeit zwischen ihnen und uns ist also kein Zufall.

Doch zurück zu Bobs Frage »Wie hat sich das *Auge* entwickelt?«. Es tauchte nicht einfach irgendwo aus dem Nirgendwo auf, sondern hat sich im Laufe von Abermillionen von Jahren entwickelt. Und zwar, weil es den Lebewesen enorm beim Überleben und bei der Fortpflanzung hilft. Vielleicht begann dieser Prozess mit einer einzigen lichtempfindlichen Zelle an irgendeinem einfachen, im Meer lebenden Lebewesen. Im Laufe sehr vieler Generationen kamen immer mehr solcher Zellen hinzu. Auf diese Weise hat sich das Auge nach und nach entwickelt, bis es schließlich zu dem großartigen Exemplar wurde, das wir heutzutage mit uns herumtragen.

Tja, das ist einer der Haken an Bobs Theorie vom »kosmischen Uhrmacher«. Ehe wir von der natürlichen Selektion wussten, war es natürlich schwierig, sich zu erklären, wie so etwas wie Augen oder Lebewesen an sich entstehen konnten. Dass ein *natürlicher* Prozess derart komplexe Lebewesen zu Stande bringen könnte, war für uns unvorstellbar. Deshalb gingen viele Menschen davon aus, dass ein *übernatürliches* Wesen – Gott – alle Lebewesen erschaffen haben musste. Doch inzwischen wissen wir von der Evolution und der natürlichen Selektion, weshalb dieser spezielle Grund für den Glauben an die Existenz eines Gottes hinfällig geworden ist.

Wir kennen natürlich nicht die *ganze* Entwicklungsgeschichte des Lebens auf der Erde. Meine Theorie über die Entwicklung des Auges ist nur eine Vermutung. Doch wir müssen einsehen, dass die Existenz all der vielfältigen, unterschiedlichen Lebensformen auf unserem Planeten im Prinzip durch natürliche Vorgänge erklärt werden kann, ohne dass wir zu einem Schöpfergott Zuflucht nehmen müssen.

Vernunft gegen Glauben?

Kobir erklärt Bob die Sache mit der natürlichen Selektion. Danach muss Bob wohl oder übel zugeben, dass das Auge vermutlich doch kein echter Beweis für die Existenz Gottes ist.

Ich bin inzwischen ziemlich hungrig geworden. Da auch Bob und Kobir Hunger haben, beschließen wir in ein indisches Restaurant zu gehen. Wir erheben uns, klopfen den Staub von unserem Hosenboden und gehen den Hügel hinunter. Wir gehen über einen Kiesweg und der Kies knirscht unter unseren Füßen. Der Mond beleuchtet unseren Weg und wirft lange Schatten vor uns.

Während wir in die Stadt hinuntergehen, erklärt Kobir Bob noch einmal, dass er nicht glaubt, dass es überhaupt ein triftiges Argument für die Existenz Gottes gibt. Es gibt absolut keinen Beweis dafür, dass es einen Gott gibt.

Bob köpft seinen Fußball ein paar Mal. Dann gibt er – völlig zurecht – zu bedenken, dass es vielleicht keinen Beweis für die Existenz Gottes geben mag, doch das würde noch lange nicht beweisen, dass es ihn *nicht* gibt. Dem kann Kobir nichts entgegensetzen.

Bob: Aber sollten wir dann bei der Frage, ob es einen Gott gibt oder nicht, nicht zumindest neutral *bleiben? Ich meine, wenn wir keine Beweise weder für noch gegen seine Existenz haben, wäre es dann nicht am vernünftigsten, einfach neutral zu bleiben?*

Kobir: Hm, finde ich nicht. Wenn es keinen Beweis für Gottes Existenz gibt, dann ist es vernünftiger, davon auszugehen, dass es ihn nicht *gibt.*

Wieder zischt ein Feuerwerkskörper zum Himmel. Schweigend beobachten wir, wie er rot schimmernde Funken versprüht.

Bob: Warum? Schau, denk doch nur an die Frage, ob es im übrigen Universum auch Lebensformen gibt. Im Moment haben wir keinen Beweis dafür, dass es anderswo auch Leben gibt, und wir wissen genauso wenig, ob es nicht doch irgendwo Leben gibt. Auch in diesem Fall wäre es am vernünftigsten, neutral zu bleiben.

Kobir: Stimmt, ich finde, in punkto anderer Lebensformen im Universum sollten wir neutral bleiben. Doch die Frage, ob es Gott gibt, ist etwas anderes.

Bob: Warum?

Kobir: Die Wahrscheinlichkeit, dass es einen Gott gibt, ist äußerst gering; die Wahrscheinlichkeit, dass es fremde Lebensformen gibt, hingegen sehr hoch.

Bob: Welche Wahrscheinlichkeit? Wir haben noch auf keinem fremden Planeten andere Lebensformen entdeckt!

Kobir: Stimmt, doch wir wissen, dass sich auf unserem Planeten Leben entwickelt hat. Wir wissen auch, dass es unzählige Millionen anderer Planeten in diesem Kosmos gibt, auf denen ähnliche Lebensbedingungen wie auf der Erde herrschen. Folglich ist es sehr wahrscheinlich, dass sich auch auf ihnen Leben entwickelt hat. Es gibt also einen guten Grund für die Annahme fremder Lebensformen.

Wir haben nur keinen schlüssigen Beweis. Für die Existenz eines Schöpfergottes hingegen gibt es absolut keinen Beweis.

AUSSERIRDISCHE LEBENSFORMEN

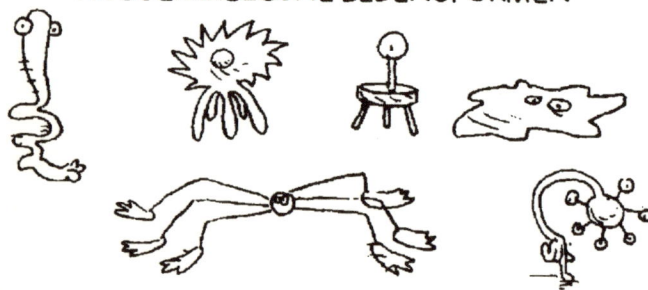

Bob zuckt mit den Schultern. Er scheint nicht überzeugt zu sein. Deshalb fährt Kobir fort:

Kobir: Denk doch noch mal an dein Beispiel mit den Feen. Wenn  *es absolut keinen Beweis für ihre Existenz gibt – ist es dann nicht vernünftiger, anzunehmen, dass es keine gibt, statt* neutral *zu bleiben? Gibst du mir da nicht Recht?*

Bob: Doch. Natürlich glaube ich nicht, dass es Feen gibt. Das wäre albern.

Kobir: Tja, dasselbe gilt auch für Gott. Wenn es keinen Grund gibt, an einen Gott zu glauben, dann ist es vernünftig, zu glauben, dass es keinen gibt. Ist es nicht genauso albern, an Gott zu glauben wie an Feen?

Über den Vergleich zwischen Gott und Feen ist Bob ziemlich empört. Und vielleicht ist Kobir da wirklich etwas unfair. Schließlich glauben Millionen intelligenter Menschen an Gott. Und an Gott zu glauben ist mit Sicherheit nichts Kindisches oder Oberflächliches, sondern kann gewaltige, lebensverändernde Folgen haben.

Doch wie dem auch sei, die Frage steht nach wie vor im Raum: Gibt es einen triftigeren Grund, an Gott zu glauben als an Feen? Nicht, wenn Kobir Recht hat. Und wäre es da nicht vernünftiger, davon auszugehen, dass es *keinen* Gott gibt, statt neutral zu bleiben? Was meinst du?

Das Problem mit dem Leid

Wir sind inzwischen fast am Fuße des Hügels angekommen, als hohe, dunkle Umrisse vor uns auftauchen. Es ist das städtische Krankenhaus. Viele der Fenster sind beleuchtet und hinter einigen sehen wir ruhelose Gestalten. Wir kommen an einem Fenster vorbei, hinter dem eine Frau sitzt. Sie sieht leidend und verzweifelt aus. Während wir am Krankenhaus vorbeigehen, beginnt Kobir zu erklären, warum er davon überzeugt ist, dass es *keinen* Gott gibt.

Kobir: Bob, du musst doch zugeben, dass – wenn absolut nichts für die Existenz eines Gottes spricht – es vernünftiger ist, davon auszugehen, dass es ihn nicht gibt.

Zudem wir haben die ganze Zeit etwas außer Acht gelassen. Du hast behauptet, es gäbe keinen Grund, der gegen die Existenz Gottes spräche. Doch den gibt es.

Bob: Was meinst du? Welcher Beweis soll gegen die Existenz Gottes sprechen?

Kobir bleibt stehen und deutet auf das Krankenhaus.

Kobir: Das ist mein Beweis. Gott hat angeblich drei Eigenschaften, nicht wahr? Er soll allmächtig, allwissend und allgütig sein.

Bob: Richtig.

Kobir: Auf unserer Erde gibt es jede Menge Schmerz und Leid, nicht wahr? Es gibt schreckliche Krankheiten. Dort drinnen liegen viele leidende Menschen. Es gibt Kriege, Hungersnöte, Erdbeben. Du musst zugeben, dass unsere Erde nicht gerade ein Ort des Friedens und der Harmonie ist. Zumindest könnte sie wesentlich schöner sein.

Bob: Das stimmt, sie könnte schöner sein.

Kobir: Also, dann erklär mir bitte: Wenn Gott diese drei Eigenschaften hätte – wenn er wirklich allmächtig, allwissend und allgütig wäre –, warum gibt es dann so viel Leid und Schmerz auf der Welt? Warum ist unsere Welt dann nicht schöner?

Bob: Wo siehst du da ein Problem?

Kobir: Nun, wenn Gott allmächtig wäre – wenn er alles tun könnte –, dann könnte er diesem Schmerz und Leid doch ein Ende bereiten, oder?

Bob: Das könnte er vermutlich . . .

Kobir: Dann hätte er die Welt doch so erschaffen können, dass es nicht so viel Leid gibt, oder? Er hätte zum Beispiel eine Welt ohne Schmerzen erschaffen können. Oder eine Welt ohne Krankheiten. Er hätte uns eine viel schönere Welt schenken können. Er hätte die Welt so erschaffen können, dass sie so wäre, wie man sich den Himmel oder das Paradies vorstellt. Doch das hat er nicht getan. Und warum? Kannst du mir das erklären?

Bob: Keine Ahnung. Vielleicht hat er nicht geahnt, wie sich die Dinge entwickeln würden.

Kobir: Ha, das hätte er wissen müssen! Denn er ist allwissend. Er kennt auch die Zukunft. Folglich sieht es ganz so aus, als würde uns Gott mit Absicht leiden lassen!

Bob: Das würde Gott niemals tun! Er ist gütig. Er würde uns niemals mit Absicht leiden lassen.

Kobir: Tja, das ist das Problem. Gott ist weder allmächtig noch allwissend oder allgütig. Doch wenn es ihn gäbe, müsste er diese drei Eigenschaften in sich vereinen. Folglich gibt es keinen Gott!

Es handelt sich hier um ein sehr altes, sehr bekanntes und sehr ernsthaftes Problem für alle Gläubigen. Religiöse Denker aller Zeiten haben sich mit diesem Problem herumgeschlagen. Nennen wir es das *Leid-Problem*. Kann man dieses Problem lösen?

Der freie Wille

Während wir drei weitergingen, dachte jeder von uns angestrengt über das Problem des Leids auf der Welt nach. Einige Gläubige haben versucht dieses Problem zu lösen, indem sie sagten, die Verantwortung für das Leid und den Schmerz auf der Welt läge nicht bei Gott, sondern bei *uns*. Und genau auf diesen Punkt kam Bob nun zu sprechen.

Bob: Du hast etwas vergessen: Gott hat uns einen freien Willen gegeben.

Kobir: Was meinst du damit?

Bob: Gott gab uns die Fähigkeit, selbst über unser Handeln zu entscheiden. Wenn wir keinen freien Willen hätten, wären wir nur Maschinen oder Roboter. Unser Handeln wäre von vornherein festgelegt. Wir könnten gar nicht anders. Doch wir haben die freie Wahl. Heute Abend hatten wir zum Beispiel Lust, auf den Hügel zu gehen. Doch wir hätten genauso gut lieber ins Kino gehen können.

Kobir: Wieso erklärt der freie Wille die Sache mit dem Leid?

Bob: Nun, leider entscheiden wir uns oft für Dinge, die uns Schmerz oder Leid einbringen. Wir zetteln zum Beispiel Kriege an. Doch können wir deshalb Gott für die Kriege verantwortlich machen? Das Leid, das wir durch Kriege verursachen, verschulden wir, nicht er.

Kobir: Wäre es nicht besser gewesen, wenn Gott uns keinen freien Willen gegeben hätte? Wäre es nicht besser gewesen, wenn er uns so erschaffen hätte, dass wir immer das Richtige tun? Dann

gäbe es kein Leid und keinen Schmerz. Und es gäbe auch keine Kriege.

Bob: Nein, denn dann wären wir nur Marionetten, Roboter, verstehst du? Es ist besser, einen freien Willen zu haben, ungeachtet der Tatsache, dass wir damit bisweilen Leid verursachen.

Der Haken an der Theorie des freien Willens

Nennen wir Bobs Antwort auf das Leid-Problem *die Theorie des freien Willens*. Sie ist ziemlich genial.

Allerdings wirft auch sie ein großes Problem auf. Wie Kobir gleich zu bedenken geben wird, ist nicht alles Leid und aller Schmerz auf der Welt von den Menschen verursacht.

Kobir: Das kann ich so nicht gelten lassen: Nicht alles Leid auf der Welt ist von uns Menschen verursacht. Okay, wir stürzen uns in Kriege. Doch was ist mit den schrecklichen Krankheiten, einer Krankheit wie Krebs, die Jahr für Jahr Millionen von Menschen auf erbärmliche Weise dahinrafft? Soll das auch unsere Schuld sein? Haben wir diese Krankheit verursacht? Oder denk an eine Überschwemmung. Bei einer Überschwemmung kommen oft tausende von Menschen ums Leben. Sind wir daran auch selbst schuld? Das kann nicht sein! Doch dann kann es keinen Gott geben!

Bob wirft seinen Fußball ein paar Mal in die Luft, während er nachdenkt.

Bob: Vielleicht sind die Krankheiten und die Überschwemmung doch von uns selbst verursacht. Uns ist nur nicht klar, dass wir sie verursacht haben.

Kobir: Was willst du damit sagen?

Bob: Nun, zu der Überschwemmung kommt es vielleicht indirekt dadurch, dass wir die Regenwälder abgeholzt haben, was zu großen Wetterveränderungen geführt hat. Dies führt zu Regenkatastrophen, die ihrerseits die Überschwemmungen verursachen.

Kobir: Kann sein. Doch ich kann mir nicht vorstellen, dass alles Leid auf dieser Welt mehr oder weniger direkt von uns Menschen verursacht wird. Wie können wir beispielsweise an einem Erdbeben schuld sein? Ich kann mir beim besten Willen nicht vorstellen, dass es absolut kein Leid mehr gäbe, wenn wir uns anders verhielten!

Bob: Da könntest du Recht haben. Wenn es einen Gott gibt, dann muss er zumindest für einen Teil unseres Leids verantwortlich sein.

Ist das Leiden die Strafe Gottes?

Bob versucht es ein letztes Mal, das Problem mit dem Leid auf der Welt zu erklären.

Bob: Vielleicht ist das von Gott verursachte Leid als Strafe gedacht.

Kobir: Als Strafe wofür?

Bob: Für unsere Sünden. Für das Böse, das wir getan haben. Gott ist gütig. Er liebt uns. Doch genau wie auch liebevolle Eltern ihre Kinder manchmal bestrafen müssen, wenn sie etwas Böses getan haben, muss Gott uns manchmal bestrafen.

Dieser Gedanke bringt Kobir auf die Palme.

Kobir: Also wirklich, das ist ja ein schrecklicher Gedanke!

Bob: Warum schrecklich?

Kobir: Aber hör mal! Viele der Katastrophen treffen völlig unschuldige Menschen. Babys, zum Beispiel. Es mag ja sein, dass wir Erwachsenen vielleicht etwas Böses getan haben, aber sie doch bestimmt noch nicht, oder?

Bob: Nein, vermutlich nicht.

Kobir: Ist es dann fair, sie zu bestrafen? Angenommen, unsere Richter würden Babys für Vergehen bestrafen, die Erwachsene begangen haben, wie fändest du das?

ANGEKLAGTE, ALS STRAFE FÜR IHR VERGEHEN VERURTEILE ICH IHRE BEIDEN KINDER ZU EINER SCHRECKLICHEN KRANKHEIT!

Das wäre sehr unfair, nicht wahr? Es wäre sogar richtig grausam!

Bob: Stimmt.

Kobir: Also, wieso wäre es weniger grausam, wenn Gott die Kinder für die Fehler der Erwachsenen bestrafen würde? Ein gütiger Gott würde so etwas niemals tun!

Bob und Kobir haben sich über das *Leidproblem* unterhalten. Das Problem ist: Wenn Gott allgütig, allwissend und allmächtig ist, warum gibt es dann so viel Leid auf der Welt? Wie du siehst, ist das ein großes Problem für Menschen, die an Gott glauben. Auch Bob ist es nicht gelungen, dieses Problem zu lösen. Fällt dir eine bessere Erklärung ein?

Der Glaube
Schließlich kommen wir drei in dem Lokal an.

Ich habe inzwischen großen Hunger und bestelle für uns alle einen Vorspeisenteller, damit wir etwas zum Knabbern haben, während wir in aller Ruhe überlegen, welches Hauptgericht wir bestellen wollen. Als wir uns über die Häppchen hermachen, kommt Bob auf einen interessanten Punkt in Sachen Glauben zu sprechen.

Bob: Okay, angenommen, ich gebe zu, dass es so gut wie keinen Beweis für die Existenz Gottes gibt. Angenommen, ich gebe zu, dass es keinen triftigen Grund gibt, an seine Existenz zu glauben. Angenommen, ich gebe zu, dass es eher so aussieht, als gäbe es ihn nicht. Dennoch spielt das alles keine Rolle, wenn es darum geht, warum ich glaube.

Kobir: Warum?
Bob: Wer an Gott glaubt, fragt nicht nach einem Beweis. Beweise
spielen keine Rolle. Religiöser Glaube ist etwas anderes. Ich
glaube ganz einfach. Viele Menschen glauben an die Existenz
Gottes. Und es ist ein beruhigender Gedanke, an ihn zu glauben,
stimmst du mir da zu?

Hat Bob Recht? Ist es beruhigend, an Gott zu glauben?
Allerdings darf man auch nicht vergessen, dass der Glaube
manchmal auch gefährlich sein kann. Er macht die Massen
manipulierbar. Wenn Menschen die Vernunft beiseite lassen und einfach nur blind glauben, kann man sie leichter
kontrollieren. Ein skrupelloser religiöser Führer kann den
einfachen, vertrauensvollen Glauben der Gläubigen zu seinen Gunsten ausnutzen.

In seiner extremen Form kann die Zugehörigkeit zu einer
bestimmten Glaubensgruppe die Kommunikation erschweren. Mit solchen Menschen kann man nicht mehr logisch reden. Wenn fanatische Gläubige es sich in den Kopf gesetzt
haben, etwas Böses zu tun (zum Beispiel Andersgläubige zu
töten), ist es fast unmöglich, ihnen klarzumachen, dass sie
etwas Unrechtes tun. Sie hören einfach nicht zu.
Andererseits besteht jedoch auch kein Zweifel daran, dass
der Glaube an die Existenz eines Gottes etwas sehr Positives
sein kann. Er macht geneigt anderen zu helfen. Wer fest an

Gott glaubt, erträgt die Widrigkeiten, die ihm im Laufe seines Lebens zustoßen können, besser als andere.

Schon so mancher wurde durch den Glauben an Gott zu einem besseren Menschen. Früher grausam und selbstsüchtig, wurden diese Menschen auf einmal großzügig und gutherzig.

VORHER   NACHHER

Einige tiefgläubige Menschen haben sogar ihr Leben geopfert, um andere zu retten (manche tun dies allerdings auch, ohne religiös zu sein).

Der Glaube an die Existenz eines Gottes kann also durchaus auch positive Seiten haben.

Was bedeutet das alles?

Wer an Gott glaubt, hat einen Sinn für sein Leben gefunden. Er hat dann ein Ziel: nämlich das, ein gottesfürchtiges Leben zu führen, Gott zu lieben und ihm zu gehorchen. Doch was ist, wenn du nicht an Gott glaubst? Wie sieht es dann mit dem Sinn des Lebens aus? Wird das Leben eines Menschen sinnlos, wenn er nicht an Gott glaubt?

Auf jeden Fall liegt es an dir, deinem Leben einen Sinn zu geben. Denn unser Leben hat den Sinn, den *wir* ihm geben. Wenn das stimmt, trägt jeder von uns eine immens große Verantwortung. Du kannst zwischen einem sinnlosen und einem sinnvollen Leben wählen. Die Entscheidung liegt allein bei dir.

Glossar

Die wichtigsten im Text verwendeten Begriffe

APARTHEID Ein System der Rassentrennung. Weil eine bestimmte Rasse sich einer anderen überlegen fühlt, werden die Menschen dieser Rasse benachteiligt. Bis vor wenigen Jahren gab es in Südafrika noch Apartheid.

ATOM Ein sehr, sehr kleines Teilchen eines chemischen Elements, das seinerseits wiederum aus noch kleineren Teilchen besteht. Atome setzen sich zu MOLEKÜLEN zusammen. Ein Wassermolekül besteht zum Beispiel aus zwei Wasserstoff- und einem Sauerstoffatom. Alle PHYSISCHEN OBJEKTE (z. B. Erdnüsse, Stühle, Berge oder GALAXIEN) bestehen aus Atomen.

BEWEIS Eine Tatsache, die eine bestimmte Überzeugung oder Vermutung bestätigt. Zum Beispiel: Ich glaube, dass in dieser Hütte jemand wohnt . . . Die Tatsache, dass Rauch aus dem Schornstein aufsteigt, bestätigt meine Vermutung.

EIGENSCHAFT Objekte haben Eigenschaften. Mein Schreibtisch zum Beispiel hat folgende Eigenschaften: Er ist aus Holz, braun und 15 kg schwer.

EVOLUTION Lebewesen entwickeln sich

im Laufe vieler

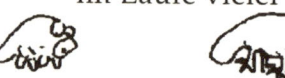

Generationen von niederen

zu höheren Formen.

GALAXIE Ein riesiger Sternenhaufen. Die Erde gehört zur Galaxie der Milchstraße, die Milliarden von STERNEN umfasst.

GEIST Das denkende, erkennende Bewusstsein der Menschen.

GLAUBE Von äußeren BEWEISEN unabhängige innere Gewissheit.

GLEICHHEIT – QUANTITATIV und NUMERISCH Im 5. Kapitel *Kann man zweimal in denselben Fluss springen?* wird zwischen zwei Arten von Gleichheit unterschieden. Zwei Gegenstände sind *qualitativ* gleich, wenn sie dieselben EIGENSCHAFTEN haben. *Numerisch* gleich kann nur ein und derselbe Gegenstand sein.

GOTT Übermenschliches ÜBER-NATÜRLICHES Wesen, welches das Universum erschaffen haben und allmächtig, allwissend und allgütig sein soll.

GESUNDER MENSCHENVERSTAND Das, was die meisten Menschen vom Standpunkt der Vernunft aus für offensichtlich und logisch halten.

HIMMEL Ort der Seligkeit, an den unsere Seele nach dem Tod ewig weiterleben soll (zumindest, wenn man ein guter Mensch war).

MATERIE Alles Materielle besteht aus ATOMEN und MOLEKÜLEN. PHYSISCHE OBJEKTE wie z. B. eine Erdnuss, ein Stuhl, dieses Buch, dein Körper oder eine gesamte GALAXIE bestehen aus Materie.

MATERIALISMUS Die Lehre, die besagt, dass das Stoffliche das allein Wirkliche in der Welt sei: MATERIE besteht aus ATOMEN und MOLEKÜLEN.

MORAL beschäftigt sich damit, was richtig und was falsch ist – was man tun und nicht tun sollte. Die Mehrheit der Menschen glaubt z. B., dass es richtig ist, seine Schulden zurückzuzahlen und dass Stehlen falsch ist.

MOLEKÜL Kleinstes Teilchen einer chemischen Verbindung aus zwei oder mehr ATOMEN.

NATÜRLICHE SELEKTION Der Prozess, der der EVOLUTION zu Grunde liegt. Natürliche Selektion wird im 8. Kapitel genau erklärt.

NATURWISSENSCHAFTEN Ein System zur Erlangung von WISSEN mittels genauer Beobachtung und Experimenten.

NEURON eine bestimmte Zellart, eine Nervenzelle. So sieht sie aus:

Unser Gehirn besteht aus ungefähr 100 Milliarden Neuronen, die untereinander zu einem beeindruckenden Netzwerk verbunden sind.

OCKHAMS RASIERMESSER Philosophisches Prinzip, welches besagt, dass man im Falle von zwei Theorien, die beide gleichermaßen von einem BEWEIS gestützt werden, jeweils die *einfachere* wählen sollte.

PERSÖNLICHE IDENTITÄT Das philosophische Problem mit der persönlichen Identität besteht darin, zu erklären, was z. B. eine bestimmte Person von der Wiege bis ins hohe Alter zu *ein und derselben* Person macht.

PHILOSOPHIE Schon die Frage *Was ist Philosophie?* ist eine philosophische Frage. Auch die Philosophen selbst sind sich nicht einig, was Philosophie genau ist. Anhand einiger Beispiele darüber, mit welchen Fragen sich die Philosophie beschäftigt, will dir dieses Buch eine Ahnung davon geben, was Philosophie ist.

PHYSISCHE OBJEKTE Ein Objekt besteht aus MATERIE – z. B. eine Erdnuss, ein Stuhl, dieses Buch, dein Körper oder eine gesamte GALAXIE.

PHYSISCHES UNIVERSUM Das Universum, das wir WAHRNEHMEN und auf welches sich die NATURWISSENSCHAFTEN konzentrieren. Es besteht ausschließlich aus MATERIE.

PLANET Himmelskörper, der sich um eine Sonne dreht. Im Gegensatz zu STERNEN strahlen Planeten kein Licht ab. Die Erde ist ein Planet.

QUALITÄT Siehe EIGENSCHAFT.

REINKARNATION Der GLAUBE, dass die Seelen nach dem Tod des natürlichen Körpers in einem neuen Körper wiedergeboren werden, eventuell auch als Tier.

SEELE Die Seele bezeichnet etwas ÜBERNATÜRLICHES, etwas Nicht-Physisches, Nicht-Materielles. Eine Seele kann unabhängig vom physischen Universum existieren. Menschen, die an die Existenz von Seelen glauben, sind der Meinung, dass ihre Seele denke, fühle, erlebe, Entscheidungen treffe, also bewusst sei.

SKEPTIZISMUS Eine philosophische Richtung, die den Zweifel an einer allgemein gültigen Wahrheit zum Denkprinzip erhebt. Skeptiker behaupten z. B., dass wir kein sicheres WISSEN über die uns umgebende Welt haben können.

STERN Ein großer, leuchtender Himmelskörper. Der uns nächste Stern ist die Sonne. Sternenhaufen werden als GALAXIEN bezeichnet.

STOFFLICHE WELT Siehe PHYSISCHES UNIVERSUM.

ÜBERNATÜRLICHES Alles, was nicht zum natürlichen PHYSISCHEN UNIVERSUM gehört.

UNIVERSUM Siehe PHYSISCHES UNIVERSUM.

URKNALL Eine große Explosion, mit der sich nach Meinung der Wissenschaftler das PHYSISCHE UNIVERSUM gebildet hat.

VEGETARIER Jemand, der kein Fleisch isst.

VEGANER Jemand, der keinerlei tierische Produkte zu sich nimmt.

VERSTAND Du und ich haben beide einen Verstand. Wir können denken, Dinge erkennen und beurteilen.

VIRTUELLE WELT Die jeweilige Umgebung in einer VIRTUELLEN REALITÄT.

VIRTUELLE REALITÄT Eine vom Computer erzeugte Realität, wie sie in Computerspielen vorkommt.

VIRTUELLES OBJEKT Alle Objekte, die sich in einer VIRTUELLEN WELT befinden.

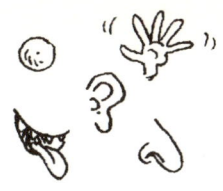

WAHRNEHMUNG Unsere fünf Sinne – Sehen, Hören, Tasten, Schmecken, Riechen – erlauben uns unsere Umwelt wahrzunehmen.

WISSEN Wenn wir etwas glauben, bedeutet das noch lange nicht, dass wir es auch *wissen*. Damit etwas jedoch als Wahrheit gelten kann, muss es einen BEWEIS geben, der die jeweilige Überzeugung stützt.

ZELLE Die kleinste lebendige Einheit und Grundbaustein aller Lebewesen. Dein Körper z. B. besteht aus vielen Billionen Zellen. Die Zellen ihrerseits bestehen aus ATOMEN und MOLEKÜLEN.